AF216753

für Judy und Dennis Shepard,
die Eltern des unvergessenen
Matthew Wayne Shepard (1976 – 1998)

BELTANE

Eine Tragikomödie in drei Akten

von Dr. Andreas Mohr

Kassel 2017

© 2023 Dr. Andreas Mohr
Covergrafik von: Sameena Jehanzeb

Druck und Distribution im Auftrag des Autors:
tredition GmbH, Heinz-Beusen-Stieg 5, 22926 Ahrensburg, Germany

Das Werk, einschließlich seiner Teile, ist urheberrechtlich geschützt. Für die Inhalte ist der Autor verantwortlich. Jede Verwertung ist ohne seine Zustimmung unzulässig. Die Publikation und Verbreitung erfolgen im Auftrag des Autors, zu erreichen unter: Dr. Andreas Mohr, Birkenallee 93, 34225 Baunatal, Germany.

Hinweise zum Aufführungs- und Vervielfältigungsrecht des Theaterstücks *Beltane*

Mit dem Kauf des Theatre Books *Beltane* erwirbt die Käuferin bzw. der Käufer das einmalige Recht zur Aufführung des in dem Buch enthaltenen Theaterstücks *Beltane*. Dieses einmalige Aufführungsrecht schließt die Premiere einer Inszenierung des Stücks und alle folgenden Aufführungen derselben Inszenierung einer Spielzeit oder eines Veranstaltungszyklus mit ein. Für alle davon unabhängigen weiteren Aufführungen und/oder Inszenierungen des Theaterstücks *Beltane* durch dieselbe Käuferin bzw. denselben Käufer oder eine dritte Person, die das Stück nicht erworben hat, ist die Erlaubnis des Autors einzuholen. Dies kann im Zuge einer Anfrage per E-Mail geschehen.
Die E-Mail kann an folgende Adresse gerichtet werden: Marignola@aol.com. In der Regel ist die Erteilung der Aufführungserlaubnis kostenfrei vorgesehen. Die weitere Nutzung von Verwertungsrechten, die über das einmalige Recht zur Aufführung hinausgeht, unterliegt ebenfalls der Notwendigkeit, zuvor die Erlaubnis des Autors einzuholen. Zu diesen Verwertungsrechten gehören unter anderem die Wiedergabe oder Aufführung, Zitation, szenische Darstellung auf der Bühne und der Abdruck des Theaterstücks – ganz oder auszugsweise – in Schriften oder Druckwerken.

Inhalt

Zur Einleitung

Das vorliegende Buch bietet das Theaterstück *Beltane* in Anlehnung an die im englischsprachigen Bereich verbreitete Tradition des „Theatre Book" in Monographieform dar. Leserinnen und Leser können somit auf einen dramaturgischen Stoff, ein in theatralische Formen gekleidetes Stück Literatur, wie auf einen Roman oder eine Sammlung von Kurzgeschichten zurückgreifen. Dieser Ansatz ist im deutschsprachigen Bereich noch nicht sehr verbreitet und somit beschreiten mit diesem Büchlein sowohl der Autor als auch der Butze Verlag neue Wege.

Das Theaterstück bewegt sich auf drei literarischen Ebenen: Zum einen ist da eine Gruppe junger Studierender um den engagierten, aber auch leicht skurrilen studentischen Theatermacher Mathis, die versucht, einen Klassiker der deutschsprachigen Theaterwelt, Frank Wedekinds 1891 fertiggestelltes Drama *Frühlingserwachen*, im Rahmen einer studentischen „Neuinszenierung" auf die Bühne zu bringen.

Zum anderen verstrickt sich Mathis mit seinem Ansatz, die Antikenbezüge bei Wedekind aufgreifend, Wedekinds Drama ums Erwachsenwerden und Schulstress in die römisch-keltisch-griechische Antike zurückzuverlegen, in ein heilloses Chaos von teils komischen, teils tragisch anmutenden Situationen, Wendungen und Rededuellen. Die studentischen Schauspielerinnen und Schauspieler verstehen diesen Ansatz, sich mittels Antikenparaphrase den Inhalten und Problematiken des Stückes *Frühlingserwachen* anzunähern, nicht, was zu Problemen, aber auch Offenbarungen, Klärungen der Standpunkte und letztlich einer persönlichen Sinnkrise bei der Figur des Mathis führt.

Beltane – das alte Frühlingsfest der antiken Kelten, das Fest des „Frühlingserwachens" Ende April/Anfang Mai jeden Jahres, wird hierbei zur Metapher nicht nur für den Stoff und das Anliegen von Wedekinds Drama von 1891, sondern auch zur in antiker Gewandung gekleideten Verkörperung der Vielschichtigkeit und Problematik, mit der sich Mathis und seine Mitstreitenden über 100 Jahre später konfrontiert sehen: Der Neubeginn, sei dieser nun auf die Zyklen des Jahres oder das Erwachsenwerden einer neuen Generation junger Menschen bezogen, birgt immer Chancen, Möglichkeiten und Perspektiven, aber eben auch Gefahren und die Option des Scheiterns in sich.

Dass dies im Fall des „Theaters auf dem Theater" – denn wir sehen auf der Bühne die Studierenden ja bei ihrem Bemühen, dem alten Stoff Wedekinds in antike Formen gekleidet neues Leben einzuhauchen, wobei sich Wedekind als „antiker Sandalenstreifen" durchaus als nicht unproblematisch erweist – Konflikte zwischen den Agierenden, Erinnerungen, aber auch neue Wendungen, Wirren und Irrungen hervorruft, ist das Entscheidende der mit dem vorliegenden Theaterstück versuchten Neuadaption von Wedekinds *Frühlingserwachen*. Nicht mehr das schwierige Erwachsenwerden zur Zeit des deutschen Kaiserreichs steht im Mittelpunkt, nicht mehr die antiquiert erscheinende Sprache des 19. Jahrhunderts regiert die Szene, sondern die heutigen jungen Leute sehen sich mit einem eigenwilligen Ansatz von Regietheater (Wedekind als „Asterix-und-die-Römer-Variante") ebenso konfrontiert wie mit den alltäglichen Schwierigkeiten jeder Form von semiprofessionellem Laientheater: Die Mitwirkenden arbeiten in der Regel nur in ihrer Freizeit bei derartigen Produktionen mit, es gibt keine Arbeitsverhältnisse und dementsprechend auch keine durchsetzbaren Ansprüche von Seiten der Regie. Statisten können den Regisseur unter Druck setzen, kommen und gehen, wie sie wollen und nach Belieben die Szenerie verlassen und damit die Produzenten studentischer Theaterdarbietungen in Schwierigkeiten versetzen.
Die schwierigen Bedingungen, unter denen nicht-kommerziell orientiertes Theater an Studiobühnen heutzutage erarbeitet werden muss, ist daher die zweite Ebene der literarischen Verarbeitung. Da spielen sich reiche Sponsoren zu Diktatoren auf, da werden eigenmächtig bereits geprobte Arrangements über den Haufen geworfen, weil einem wohlhabenden Sponsor einfällt, dass eine „wüste Insel" als Ort einer Szene doch nicht so recht zu den Gaumenfreuden seiner Jubiläumsfeier passt. Die Gängelung der nicht finanziell geförderten, semiprofessionellen Kunst durch „Mäzene" ist ein Movens, das insbesondere im zweiten Akt seine Thematisierung erfährt: Da trifft die leicht esoterisch angehauchte Geisteswelt des antikenbegeisterten Laienregisseurs auf sehr materiell orientierte Vorgaben und spontan getroffene

Entscheidungen eines reichen Mäzens, denen sich der Schöngeist entweder unterordnen oder aufgeben muss. Kunst ist dann keineswegs mehr „frei", sondern von materiellen Subsidien und der damit einhergehenden Macht und Einflussnahme der Sponsoren abhängig – und damit letztlich gegängelt. Die Fragen, die *Beltane* aufwirft, sind folgende: Ist eine derart gegängelte Kunst wirklich noch Kunst? Trifft auf semiprofessionelle Laiendarbietungen der Kunstbegriff überhaupt zu und wenn ja, unter welchen Bedingungen? Diese Fragen mag sich jede Leserin und jeder Leser selbst beantworten.

Auf einer dritten Ebene wird die Problematik des schwulen, jugendlichen Coming-outs thematisiert: Aber es sind nicht zwei moderne, realweltliche junge Männer der Gegenwart, die hier in Beziehung, Selbstfindung und Offenbarung ihre queere Identität entdecken und nach Außen tragen, sondern zwei junge, männliche Studenten, deren eigene sexuelle Identität im Stück letztlich offen bleibt, spielen eine homoerotisch aufgeladene Szene aus Wedekinds Drama von 1891 in Gestalt einer in ein mythisches Hellas in vorgeschichtlicher Zeit versetzten Antikenparaphrase, die den Ariadne-Mythos homoerotisch umdeutet: Der von seinem ersten Geliebten Theseus verlassene kretische Prinz Ariadnos – die männliche Adaption der Ariadne auf Naxos – wird von eben jenem Theseus auf einer „wüsten Insel" in der Ägäis ausgesetzt und wünscht aus Liebeskummer und vor Coming-out-Schmerz den Tod herbei. Hierbei erscheinen die bei Wedekind vorkommenden, homoerotisch aufgeladenen Charaktere Ernst Röbel und Hänschen Rilow als Ariadnos (Ernst Röbel) und Dionysos (Hänschen Rilow), wird das Coming-out-Spiel nicht nur in antikes Gewand gesteckt, sondern durch die regietheaterbezogene Umdeutung von Wedekinds Figuren sozusagen mit einem literarischen „doppelten Boden" versehen. Am Ende erlebt Ernst alias Ariadnos sein sich harmonisch auflösendes Coming-out, findet er in den Armen Hänschens – dieser eigentlich der antik-griechische Gott Dionysos – ein neues Leben, bekennt sich zu seiner Identität und kann die „wüste Insel" Naxos – man denke an Richard Strauss und seine 1912 uraufgeführte gleichnamige Oper – mit Richtung auf eine vielversprechende Zukunft verlassen. Doch wer ist hier auf der Bühne tatsächlich schwul? Sind es die beiden studentischen Schauspieler? Sind es Wedekinds Gestalten oder werden diese erst durch die Verkleidung des Stoffs in Gestalt der Antikenparaphrase zu den Protagonisten einer literarisch verarbeiteten Coming-out-Erfahrung? Auch diese Frage soll bewusst offenbleiben.

Im Spannungsfeld von „Theater auf dem Theater", den Zwängen, denen heutiges Studententheater oft unterworfen ist, den Träumen eines jungen, ambitionierten Laienregisseurs und seinem Zusammenprall mit der grauen Realität von Mäzenatentum und realweltlicher Orientierung seiner Mitstreiter, erweist sich *Beltane* damit als Tragikomödie über Versuch und Scheitern, über den Zwang, in einer überkommerzialisierten Welt „selbstlos" Kunst schaffen zu wollen. Die Kunst kann ohne materielle Subsidien nicht existieren, die materielle Weltwirklichkeit braucht jedoch auch die Botschaften und den Reflexionscharakter der Kunst: Welt und Kunst müssen beide voneinander lernen und sich weiterentwickeln.

Personen des Stücks

Mathis, Regisseur der Studiobühne der Ludwig-Maximilians-Universität München

Studentische Schauspielerinnen und Schauspieler der Studiobühne der Ludwig-Maximilians-Universität München:

Peggy, Stefan, Tilmann, Volker, Martin, Ingmar, Manuel, Guido, Jenny, Daniela, Vanessa, Renate

Zwei studentische Statisten als Liktoren, vier studentische Statisten als Bahrenträger, zwei studentische Statisten als Signiferi

Ein Trainer des Münchener Ruderclubs von 1880 e.V.

Zwei Ruderer des Münchener Ruderclubs von 1880 e.V.

Zwei Jazzmusikerinnen

Ein Jazzmusiker

Glenn, der Intendant der Studiobühne der Ludwig-Maximilians-Universität München

Ein paar Ruderinnen und Ruderer des Münchener Ruderclubs von 1880 e.V. als Dorfbewohnerstatisten

Orte der Handlung

Erster Akt: Die Probebühne der Studiobühne der Ludwig-Maximilians-Universität München in München

Zweiter Akt, Erste Szene: Der große Saal im Erdgeschoss des
Bootshauses des Münchener Ruderclubs 1880 e.V. in Starnberg
bei München

Zweiter Akt, Zweite Szene: Ein zur Garderobe umfunktionierter
großer Umkleideraum im Bootshaus des Münchener Ruderclubs
1880 e.V. in Starnberg bei München

Dritter Akt: Die Bühne im großen Saal des Bootshauses des Münchener Ruderclubs 1880 e.V. in Starnberg bei München

Zeitraum der Handlung

Der Frühsommer des Jahres 2000

ERSTER AKT

(*Die Studiobühne der Ludwig-Maximilians-Universität München: Auf der Bühne stehen einige antik-römisch wirkende Requisiten sowie Stefan, Tilmann, Martin, Ingmar. Volker und zwei Statisten warten im Hintergrund auf ihren Auftritt. Stefan, Tilmann und Martin tragen römische Herrentuniken und Sandalen, Stefan über seiner Tunika noch eine Paenula, einen antiken Kapuzenmantel. Aus dem hinteren Bereich der Bühne kommend tragen vier als Bahrenträger verkleidete Statisten eine Bahre, auf der Ingmar in eine schwarze Tunika eingehüllt liegt. Neben der Bahre steht Peggy, gehüllt in eine römische Damentunika, über der sie eine rote Palla trägt. Auf einer Holzkiste sitzt Volker im Kostüm eines römischen Consuls, neben ihm die beiden als Liktoren verkleideten Statisten, die ihre Rutenbündel neben sich auf den Boden der Bühne gelegt haben. In einem dunklen Bereich zur Bühnenkante hin, steht Mathis in moderner Alltagskleidung. Er ruft teils aus dem Dunkel in den Bereich des Bühnenzentrums, teils eilt er selbst ins Zentrum der Bühne, um mit den Darstellenden zu sprechen*)

MATHIS: Und los, wir proben jetzt den dritten Akt, zweite Szene, die Beerdigung des Moritz Stiefel: Action bitte ...

(*Kurz nach Mathis Anweisung erklingt eine langsam und getragen gespielte Melodie aus der Stereoanlage auf dem hinter der Bühne gelegenen Technikraum: Civilization VI, Soundtrack: Rome – The Ancient Era [Dauer: zwei Minuten]. Während die Anwesenden nun andächtig der Melodie lauschen, erscheint langsam der Trauerzug im Zentrum der Bühne, der sich zuvor im hinteren Bühnenbereich formiert hatte. Volker und die beiden Liktoren-Statisten bleiben im Hintergrund. Die vier Statisten des Trauerzuges tragen eine prunkvolle Bahre, die mit einem Tuch aus Seide bedeckt ist und vier kunstvoll gedrechselte Holzfüße hat. Auf der Decke liegt ein besticktes Kissen. Der in eine schwarz gefärbte Tunika gekleidete Moritz Stiefel – von Ingmar verkörpert – ruht auf der Bahre. Ihnen voran schreitet Peggy in der Rolle der Wendla Bergmann in ihrem Kostüm [Damentunika, die ihr bis zu den Knöcheln reicht, darüber eine Palla.] Als die kleine Prozession das Zentrum der Bühne erreicht hat, verstummt die Musik aus den Lautsprechern. Die Gruppe bleibt stehen, die Bahrenträger setzen die Bahre auf den Boden der Bühne*) *und stellen sich - fast wie eine feierliche Wache - jeweils vor eines der vier Enden der Tragegriffe. Die Signiferi stehen davor, das Cornu dekorativ vor ihre Oberkörper gehalten. Wendla Bergmann begibt sich hinter die Bare und schaut den toten Moritz Stiefel mit traurigem Gesichtsausdruck an)*

PEGGY (ALS WENDLA BERGMANN): *(schluchzt in sich hinein, schaut dabei dem Toten ins Gesicht)* ... mortuus est ... *(sodann richtet sie ihr Haupt auf und spricht zu allen Anwesenden)* Bahrt seinen Leichnam auf dem Marktplatz von Aquae Mattiacum auf. Verhüllt ihn nicht mit einer Toga, damit jeder die Wunde an seinem Körper sehen kann: Das Zeichen, dass man ihn in den Selbstmord trieb. Diese Botschaft schickt unserem Procurator: Mauritius Caligus ist tot. *(verzerrt schmerzvoll das Gesicht, sodann - vom Schmerz übermannt - wirft sie sich auf die Bahre, das Haupt des Verstorbenen schluchzend umarmend, die nächsten Worte bringt sie nur schluchzend hervor. Wendla Bergmann wischt sich die Tränen vom edlen Antlitz, geht um die Bahre herum und bleibt vor Stefan, Tilmann und Martin stehen)*

PEGGY (ALS WENDLA BERGMANN): So, meine geliebten Freunde, kehrt Euer Gefährte zu euch zurück. Vergesst ihn niemals!

STEFAN (ALS OTTO, EIN KLASSENKAMERAD MELCHIORS): Nie!

TILMANN (ALS GEORG ZIRSCHNITZ): Niemals!

STEFAN (ALS OTTO, EIN KLASSENKAMERAD MELCHIORS): Tod und Verderben seinen Feinden!

MARTIN (ALS ROBERT, EIN KLASSENKAMERAD MELCHIORS): *(beim Sprechen dem Stefan ins Wort fallend)* Sein Tod soll gerächt werden.

STEFAN (ALS OTTO, EIN KLASSENKAMERAD MELCHIORS): *(laut ausrufend, so dass es über die ganze Bühne schallt)* Caligus!

(Wendla neigt ein wenig ihr gramgebeugtes Haupt, wendet sich sodann nach rechts und schreitet gemessenen Schritts auf die Bahre des Moritz Stiefel zu,

bleibt in würdevollem Abstand vor ihr stehen, richtet sodann ihr Wort an Georg, der ihr ein paar Schritte entgegenkommt, sichtlich gerührt)

PEGGY (ALS WENDLA BERGMANN): Edler, erhabener Georgius! Übernimm von hier an die Bahre, Georgius, geleite sie zusammen mit den braven Trägern nach Aquae Mattiacum [...] *(tränenerstickt)* Merkur auf allen Wegen!

(Wendla verhüllt ihr Haupt vollständig, indem sie den oberen Saum ihrer Palla übers Gesicht zieht, verharrt einige Sekunden in dieser Haltung, lichtet die Palla wieder und wendet sich erneut an Georg Zirschnitz)

PEGGY (ALS WENDLA BERGMANN): ... und, Georgius, bei der Sympathie, die Du für den edlen Caligus empfunden hast, beschütze seine Freunde und räche sein Ende! *(bricht sodann in Tränen aus und bedeckt ihr Gesicht mit ihren Händen)*

TILMANN (ALS GEORG ZIRSCHNITZ): Domina, ich will's tun.

(Wendla, die sich inzwischen wieder gefangen hat, stürzt fast hektisch auf Robert zu, umarmt diesen, wird sich jedoch sofort der Despektierlichkeit ihrer Handlung bewusst, tritt einen Schritt zurück, legt ihre Hand auf Roberts Schulter und spricht); **PEGGY (ALS WENDLA BERGMANN):** Und Robertus, lieber Robertus, Du hast ihn wahrhaftig verehrt! Das weiß ich, bei allen Göttern ... *(erneut mit tränenerstickter Stimme)*

MARTIN (ALS ROBERT, EIN KLASSENKAMERAD MELCHIORS): *(ebenfalls vor Trauer schluchzend)* O mein Freund Mauritius, ich hatte keinen besseren!

PEGGY (ALS WENDLA BERGMANN): Wo ist Caligus maior, wo ist Mauritius' Vater?

(Robert, vom Schmerz überwältigt, weint leise vor sich hin; Otto tritt heran, richtet seine Worte an Wendla)

STEFAN (ALS OTTO, EIN KLASSENKAMERAD MELCHIORS): Sein übergroßes Leid hindert ihn daran, sich in der Öffentlichkeit zu zeigen.

PEGGY (ALS WENDLA BERGMANN): Dann ist sein Schmerz also größer als der unsere! (*Pause, lacht sarkastisch auf*) Auf dem ganzen Wege – vom sepulcretum bis hierher – in jedem Dorfe, in jedem Weiler, liefen die Leute in Scharen herbei, um ihn noch ein letztes Mal zu sehen. Alle weinten und jammerten von tiefster Trauer erfüllt.

TILMANN (ALS GEORG ZIRSCHNITZ): Domina, die ganze Provinz Germania superior ist von Schmerz und Leid überwältigt!

PEGGY (ALS WENDLA BERGMANN): Seht seine in Sack und Asche gehenden Freunde an! Sie trauern, als ob sie den eigenen Bruder oder Vater verloren hätten! Aber der Mann, den er Vater nannte, kommt nicht hierher, den Leichnam seines eignen Sohnes zu verabschieden.

STEFAN (ALS OTTO, EIN KLASSENKAMERAD MELCHIORS): Wehe, wehe!

MARTIN (ALS ROBERT, EIN KLASSENKAMERAD MELCHIORS): Schande über ihn!

TILMANN (ALS GEORG ZIRSCHNITZ): Mögen ihn die Götter strafen. (*erhält für seine Bemerkung allgemeine Zustimmung*)

(*Wendla bedeckt erst ihre Augen mit ihren Händen, sodann hebt sie diese beschwörend gen Himmel, ganz so als wolle sie zu den olympischen Göttern beten, mit salbungsvoller Stimme spricht sie*) **PEGGY (ALS WENDLA BERGMANN):** Ich frage euch, ihr ehrenwerten Bürger unserer schola: Ist der Schmerz seines Vaters denn größer als der unsere?

STEFAN (ALS OTTO, EIN KLASSENKAMERAD MELCHIORS): Nie!

TILMANN (ALS GEORG ZIRSCHNITZ): Niemals!

MARTIN (ALS ROBERT, EIN KLASSENKAMERAD MELCHIORS): Caligus!

PEGGY (ALS WENDLA BERGMANN): So lasst uns nun weiterziehen gen Aquae Mattiacum!

TILMANN (ALS GEORG ZIRSCHNITZ): Domina, wir dürfen nicht weiterziehen, ehe Dein Gatte, der Consul, nicht eingetroffen ist.

STEFAN (ALS OTTO, EIN KLASSENKAMERAD MELCHIORS): Mich friert. Ich fühle etwas wie von kalten, mächtigen Flügeln in der Luft. Geht nicht ein Wind?

MARTIN (ALS ROBERT, EIN KLASSENKAMERAD MELCHIORS): Nein, es geht kein Wind.

(*Es ertönt ein Schall von Posaunen, aus dem hinteren Bereich der Bühne betritt Volker als Melchior Gabor mit den beiden als Liktoren verkleideten Statisten gemessenen Schritts den zentralen Bereich der Bühne. Er trägt eine weiße Männertunika mit roten Borten, darüber die Toga praetexta der römischen Magistrate; einen Lorbeerkranz auf dem edlen, schwarzgelockten Haupte, ebenso trägt er einen Gemmenring an der rechten Hand. Seine Füße stecken in Sandalen aus rotem Leder*)

ERSTER STATIST ALS LIKTOR: Macht Platz, Platz ihr Leute für den Consul Gabor. Hier kommt Melchior Gabor, Consul der res publica und imperator der gallischen Legionen.

ZWEITER STATIST ALS LIKTOR: (*mit lauter, die ganze Bühne ausfüllender Stimme*) Hier kommt der Consul Gabor!

(*Melchior Gabor löst sich aus der Gruppe der Liktoren, die hinter ihm auf der Bühne stehen bleiben, und geht auf die Bahre des Moritz Stiefel zu. Wendla, als sie ihren Gatten erblickt, eilt sie auf ihn zu und nimmt seine Hände in die ihren*)

PEGGY (ALS WENDLA BERGMANN): Gabor, mein Gatte, endlich weilst Du hier bei uns! Den Göttern sei Dank! Wie habe ich den lieblichen Klang Deiner Stimme vermisst, wie war jede Minute ohne Dich, ach so voller Galle ...

VOLKER (ALS MELCHIOR GABOR): Vendula, meine treue Gemahlin. Wie erhaben und würdevoll Du mir entgegentrittst, trotz Deiner Trauer. Eine echte römische Matrona: *Tu es Matrona vera romana!*

(Melchior nimmt Wendlas Hand und schreitet mit ihr um die Bahre des Moritz herum, fast so, als gingen die beiden in einer Hochzeitsprozession)

VOLKER (ALS MELCHIOR GABOR): *(an alle auf der Bühne gewandt)* So lasst uns nun das Testament des erhabenen Verstorbenen verlesen! Ich – der amtierende Consul – bin hier, um dem letzten Willen meines Freundes zu obwalten.

TILMANN (ALS GEORG ZIRSCHNITZ): O Gabor, wie gut, dass Du unter uns weilst! Sei hochwillkommen!

STEFAN (ALS OTTO, EIN KLASSENKAMERAD MELCHIORS): Halt! Bei aller Ehrerbietung für Dich, Consul, für Dich, here consularische Dame und für den edlen Verstorbenen, aber: bei allen Göttern! Bevor wir die Auguren nicht befragt haben, dürfen wir sein Testament nicht öffnen!

TILMANN (ALS GEORG ZIRSCHNITZ): Consul, ich flehe Dich an: Lasse das Testament verlesen!

VOLKER (ALS MELCHIOR GABOR): Schweigt! Liktoren! Bringt das Schriftstück herbei, erbrecht das Siegel! *(Die Liktoren eilen zur Bahre, nehmen die Schriftrolle, die das Testament des Moritz Stiefel birgt, tragen sie zu Melchior Gabor hin. Der Consul nimmt die Rolle und will das Siegel erbrechen, als ihm Otto in den Arm fällt)*

STEFAN (ALS OTTO, EIN KLASSENKAMERAD MELCHIORS): Nein! Die Götter werden uns zürnen, wenn wir nicht zuvor den Vogelflug beobachten lassen. Strafe mich, Consul, wie Du willst – Du weißt, ich bin einer Deiner ältesten Freunde – aber vergälle den Göttern nicht das ihnen Zustehende. Willst Du, edler Gabor, den Zorn Jupiters auf uns alle herabbeschwören? Ich flehe Dich abermals an: Lasse das Testament des Caligus noch nicht vollstrecken, lasse es auch nicht verlesen, ehe die Auguren nicht gesprochen haben.

PEGGY (ALS WENDLA BERGMANN): (*erneut tränenerstickt*) ... aber, ... aber, so gehört es sich doch! Das Testament eines so noblen Verstorbenen muss verlesen werden!

MARTIN (ALS ROBERT, EIN KLASSENKAMERAD MELCHIORS): Gabor, Deine Gattin ist eine vortreffliche Frau. Höre auf sie!

STEFAN (ALS OTTO, EIN KLASSENKAMERAD MELCHIORS): Nobler Verstorbener hin oder her, ihr wisst, ich war einer seiner besten Freunde. Aber was im religiösen Sinne Recht war seit Urväterzeiten, das muss auch weiterhin Recht bleiben. Sein Testament soll ja geoffenbart werden; zuerst aber müssen die Auguren ihren Dienst tun. Er war ... (*wird unverwandt von Melchior Gabor unterbrochen*)

VOLKER (ALS MELCHIOR GABOR): (*mit lauter, befehlender Stimme aussprechend*) Er war vor allem ein Magistrat des römischen Imperiums! Liktoren: Erbrecht das Siegel, gebt mir das Dokument!

(*Die Liktoren erbrechen das Siegel, reichen Melchior Gabor die Schriftrolle. In diesem Moment stürmt Mathis, der Regisseur der Studiobühne der Ludwig-Maximilians-Universität München von rechts unten auf die Bühne. Er trägt zeitgenössische Kleidung. Mit Gesten bekundet er den Darstellern, dass sie ihre Aktionen einstellen sollen*)

MATHIS: Cut, stopp, Leute, so geht das nicht. Diese Sequenz müssen wir jetzt noch einmal proben. Alle bitte wieder zurück auf ihre Ausgangspositionen.

INGMAR (ALS MORITZ STIEFEL): (*fällt aus der Rolle, macht Bemerkungen, die nichts mehr mit der Inszenierung zu tun haben*) Meine Güte, diese ganze Adaption von *Frühlingserwachen*, die Du uns hier seit Wochen servierst, ist doch weiß Gott schon theatralisch genug. Wie affektiert soll das Ganze denn am Ende werden?

(*Sofort löst sich die Gruppe der Darstellenden aus ihren Positionen auf der Bühne, locker und alltäglich setzen sie sich nieder oder gehen auf der Bühne umher. Es ist erkennbar, dass sie nun nicht mehr ihre Rollen verkörpern, sondern die Probenarbeit offenbar unterbrochen worden ist*)

PEGGY: Wann kann ich endlich die römischen Klamotten ausziehen? Diese Palla ist so was von unbequem. Wie konnten es die Frauen damals nur einen Tag in diesen Spannbetttüchern aushalten? Außerdem kratzt der Wollstoff.

STEFAN: Und warm wird es einem in diesen Leinen- und Wollkleidern! Ich schwitze die ganze Zeit in einem fort. Da hat wohl das Budget der Studiobühne für Baumwolle nicht mehr gereicht, oder wie?

MATHIS: Kommt, Leute, ein bisschen mehr Einsatz und Flexibilität könntet ihr für unsere Neuadaption von *Frühlingserwachen* schon an den Tag legen. Erinnert ihr euch nicht mehr daran, was wir im bisherigen Probenverlauf vereinbart haben?

MARTIN: (*lacht sarkastisch auf*) Vereinbart ist gut! Ich würde vielmehr sagen: uns von Dir dekretiert. Hast Du uns einmal gefragt, ob wie diese Asterix-und-die-Römer-Variante von Wedekind eigentlich auch wollen?

TILMANN: Was hat denn Dein Text, lieber Mathis, überhaupt noch mit dem ursprünglichen Wedekind zu tun? Und dann immer dieses „O Consul"-Geschwafel! Wieso in Dreiteufelsnamen musstest Du das Ganze überhaupt in der Römerzeit ansiedeln? Was hat denn das noch mit Deutschland 1891 zu tun?

MATHIS: Wohl noch nie davon gehört, einen Theaterstoff in eine andere Epoche zu übertragen? So was nennt man künstlerische Freiheit. Wart ihr noch nie im Theater? Dann wäre euch sicherlich aufgefallen, dass viele Regisseure Stücke heutzutage in anderen Umfeldern stattfinden lassen, als eigentlich ursprünglich vorgesehen.

STEFAN: Ja, das heißt aber, dass man solche Stücke aktualisiert, in die heutige Zeit transportiert, mit Kostümen und Plots aus der Jetztzeit. Aber ich habe noch nie gesehen, dass ein Regisseur ein bereits älteres Stück zweitausend Jahre in die Vergangenheit zurückdatiert.

MARTIN: Einfach nur abgefahren … total durchgeknallt.

MATHIS: Leute, ihr seid wirklich ungerecht. Ich hab' mir schließlich was dabei gedacht und darüber haben wir auch schon zu Beginn der Probenzeit intensiv gesprochen.

PEGGY: Mag sein, aber je weiter wir mit Deiner Version von Wedekinds *Frühlingserwachen* arbeiten, desto größer werden meine Zweifel, dass diese Deine Adaption irgendetwas taugt.

MATHIS: Also, das geht doch nun wirklich zu weit …

INGMAR: Ok, Mathis, wir haben uns Deine crazy Ideen zu Wedekinds *Frühlingserwachen* angehört und am Anfang klangen sie ja auch ganz witzig und interessant. Aber – wie Peggy schon sagt – je weiter wir das, was Du da in zweifelhaften Sternstunden an neuem Text zu Stande gebracht hast, versuchen, szenisch umzusetzen, desto mehr wird offensichtlich, dass Wedekind in der Antike so nicht funktioniert. Dieser Leichenzug des Moritz Stiefel ist offengestanden ein einziger Witz, von den anderen Szenen will ich erst gar nicht sprechen. Müssen Wendla Bergmann und Melchior Gabor wirklich in einer so kitschigen römischen Hochzeitszeremonie heiraten? Und was soll die schwule Version von Ariadne auf Naxos im Weingarten? Ernst Röbel als Ariadne und Hänschen Rilow als Dionysos! Meine Güte, Mathis, was hattest Du eigentlich geraucht, als Du dieses pseudo-antike Gesülze geschrieben hast?

MATHIS: Also, bitte … hört doch mal einen Augenblick zu …

VOLKER: Bei manchen Deiner geistigen Ergüsse rollen sich einem wirklich die Fußnägel auf. Wedekind würde sich im Grab umdrehen.

MARTIN: Für diese Komödienfarce hätten Dich die historischen Römer garantiert zu den Löwen in die Arena geschickt.

TILMANN: Ja, und vorher in Honig und Fischsauce mariniert ... (*lacht auf*)

PEGGY: (*schmunzelnd*) Die armen Löwen!

ERSTER STATIST ALS LIKTOR: Also, mir reicht das Ganze hier auch. Wenn wir nicht bald was am Text und an den Szenen ändern, steige ich aus. Ich kann meine Semesterferien auch anders zubringen als hier die ganze Zeit als Liktor herumzulaufen. Mann, sind diese Rutenbündel unhandlich! Ich wollte echtes Theater machen, als ich mich für dieses Projekt gemeldet habe. Wedekind, wow, das hab' ich in der Schule im Deutschunterricht gelesen: spannendes Thema, hab' ich mir gedacht. Da fragst Du mal bei der Studiobühne nach. Und dann das hier! Irgendwelche Kommilitonen, die in Togen herumlaufen und mir einen vom Consul, von 'ner komischen Hochzeit und irgendeiner wüsten Insel erzählen, auf der ein junger homoerotischer Typ sich in seinem Coming-out-Schmerz suhlt und von einem Weingott getröstet wird. Hallo, Leute, geht's noch?

MATHIS: Also, also, ihr macht einen großen Fehler, wenn ihr jetzt hier aussteigt. Es handelt sich lediglich um ein tragisches Missverständnis ...

VOLKER: So sehe ich das auch: Du, werter Mathis, hast Wedekind komplett missverstanden.

PEGGY: (*lacht auf*) Gut gebrüllt, Löwe!

INGMAR: Wir studieren nun mal alle nicht Geschichte. Also was soll dieser Römerkram? Wenn Dich das so interessiert, Mathis, dann fahr' nach Xanten in den archäologischen Park und lies Wedekinds Text in der dortigen Taverne auf Latein. Aber vermiese uns hier nicht unsere Theaterbegeisterung.

MARTIN: Dazu müsste er Wedekind erst einmal ins Lateinische übersetzen.

VOLKER: *Quod erat demonstrandum ...*

MATHIS: Moment, Moment, Moment, liebe Freunde ... ihr geht wieder einmal viel zu schnell vor. Ich studiere auch nicht Geschichte, aber ...

PEGGY: O ja, diese Leier kennen wir zur Genüge. Du studierst Germanistik und Theaterwissenschaften. Und deshalb bist Du der große Theaterexperte und wir sind die kleinen dummen Darsteller, die man herumkommandieren kann.

MATHIS: Also das war jetzt aber wirklich polemisch. Dass ich *Frühlingserwachen* in der Römerzeit inszeniert habe, hat doch nun wirklich nichts mit den Römern oder mit Latein zu tun.

INGMAR: Aha, womit denn sonst? Ok, mir reicht's, ich ziehe jetzt diese schwarzen Betttücher aus! (*legt Palladium und Tunika ab, darunter kommt seine Alltagskleidung zum Vorschein: ein T-Shirt und eine kurze, sommerliche Hose*)

MATHIS: Das sind keine Betttücher, sondern hochwertige Theaterkostüme!

PEGGY: Na, dann kannst Du sie ja in Zukunft anziehen, wenn sie so hochwertig sind.

MATHIS: Leute, bitte, so kann das doch hier nicht weitergehen!

PEGGY: Du sagst es! (*legt ebenfalls Stola und Palla ab, behält ihre Damentunika jedoch an*)

MATHIS: Das haben wir doch alles in den Vorgesprächen zu dieser Inszenierung schon geklärt. Ich habe *Frühlingserwachen* deshalb in die Römerzeit versetzt, weil ich Wedekind von der atmosphärischen Konzeption seines Stücks konsequent zu Ende denken will. Der gesamte Text von 1891 ist voll von antiken Bezügen, Redewendungen, Gestalten. Andauernd nehmen die Figuren des Stücks auf Latein oder altsprachlichen Unterricht Bezug, unter anderem wegen einer schlechten Lateinzensur begeht Moritz Stiefel Selbstmord. Wedekinds Stück lebt auch gerade von dem altsprachlichen und geschichtlich untermauerten Humanismus, von der Antikenrezeption in Schule und Gesellschaft am Ende des 19. Jahrhunderts. Deshalb, weil römische und griechische Mythologie, Geschichte und alte Sprachen in *Frühlingserwachen* ständig Thema sind, habe ich das Ganze direkt in die Antike verfrachtet. Sozusagen: Back to the roots! Weil im Bildungsbürgertum die Auseinandersetzung mit der Antike und Latein zentral waren für die eigene Leistung im gesellschaftlichen Raum, weil der Bildungsdruck, den die Jugendlichen in *Frühlingserwachen* verspüren, auch und vor allem aufgrund humanistischer und geschichtlicher Bildungsinhalte und Ansprüche besteht, deshalb spielt meine Inszenierung in eben dieser Antike, die den ideellen Referenzrahmen des Stücks darstellt. Nicht wegen irgendwelcher ollen Römer oder wegen Latein an und für sich.

TILMANN: Ja, ok, ok; alles ganz nett und pfiffig gedacht. Nur, wie Du selbst siehst, es funktioniert so in dieser Form einfach nicht. Man kann die Probleme der Figuren in *Frühlingserwachen* nicht einfach im römischen Altertum ansiedeln. Das wird uns nun bei den Proben mehr und mehr klar. Sorry, aber auf mich wirkt dieser Inszenierungsversuch viel zu, zu *(denkt nach)* ... verschwurbelt?

MATHIS: *(sichtlich erregt)* Wie soll meine Regieführung sein, verschwurbelt?

ERSTER STATIST ALS LIKTOR: Zuviel Gehirnschmalz an der falschen Stelle. Also, Leute, ich mach' mich hier vom Acker, schönen Tag noch, oder sollte ich lieber sagen: valete? *(stellt sein Liktorenbündel an den*

Bühnenrand und verlässt die Bühne, Mathis schaut ihm ungläubig und mit sichtlicher Abneigung hinterher)

VOLKER: Lasst uns lieber zum ursprünglichen Wedekind zurückkehren. Mathis, Deine Funktion als Regisseur will ja auch niemand infrage stellen. Nur diese Inszenierung haut so in dieser Form, wie Du sie Dir denkst, einfach nicht hin. Was sagen die anderen dazu?

INGMAR: *(steht nun auf, stellt sich direkt vor Mathis ins Zentrum der Bühne)* 40 Jahre deutsches Regietheater! Man kann es nicht mehr sehen! Dass die Leute nicht einfach die Stücke in den Epochen belassen können, in denen die Autoren sie ursprünglich angesiedelt haben? Die Urheber der Texte werden sich schon etwas dabei gedacht haben.

PEGGY: Du sagst es, Ingmar, du sagst es! Also: raus aus der Römerzeit, hinein ins 19. Jahrhundert!

MATHIS: Nun gut, ich beuge mich der Gewalt! Also, nehmt Eure Reclam-Ausgaben von Wedekinds Text aus Achtzehnhundertschlagmichtot bitte hervor.

PEGGY: *(mit schnippischem Unterton)* Dir bleibt auch nichts anderes übrig, Verehrtester.

(Die Darsteller gehen an die hintere Bühnenwand, dort, wo immer noch die mit römischen Motiven bemalten Pappkulissen stehen. Aus ihren Taschen, die sie dort abgestellt haben, holen sie kleine Taschenbücher hervor und beginnen in diesen zu blättern und flüchtig zu lesen. Mathis bleibt an der dem Zuschauerraum zugewandten Kante der Bühne zurück)

MARTIN: Also ehrlich, diese Sprache hier ist auch nicht mehr ganz up to date: „Ich fühle einen Heliogabalus in mir! Moritura me salutat" ... na, sehr unterscheidet sich das ja nicht von Mathis' Textversion.

INGMAR: Ja, der echte Wedekind ist auch recht verstaubt.

TILMANN: „Hast Du gebetet zur Nacht, Desdemona? Das Herz krampft sich mir zusammen – Unsinn! Auch die heilige Agnes starb um ihrer Zurückhaltung willen und war nicht halb so nackt wie Du!" ... das zieht einem ja die Schuhe aus.

MATHIS: Sag ich doch! Der ganze Wedekind strotzt vor Antikenbezügen. Aber ihr wollt ja nicht auf mich hören.

PEGGY: Das mit Desdemona ist doch aus Shakespeares Othello, oder etwa nicht?

MATHIS: Na endlich mal eine Darstellerin, die keine Kunstbanausin ist. Ansonsten bin ich ja nur von Amateuren umgeben.

ZWEITER STATIST ALS LIKTOR: Vielen Dank auch für die Blumen! Also mir reicht es jetzt endgültig. Euren Heliogabal- und Desdemona-Kram könnt ihr ohne mich aufführen. Empfehle mich, werte Kommilitonen; da ist mir ein netter ruhiger Abend mit meiner Freundin offen gestanden lieber.

(Geht ab, ihm folgen zwei der vier Bahrenträger-Statisten)

MATHIS: *(ihnen nachrufend)* He, wo wollt ihr hin? Ihr könnt nicht einfach aus dem Projekt aussteigen!

ZWEITER STATIST ALS LIKTOR: *(ruft ihm über die Schulter zu, während er von der Bühne verschwindet) Fugetori te salutant, imperator!* Euch noch weiterhin viel Spaß und *feliciter eveniat.*

MATHIS: *(wütend ausrufend)* Kommt sofort zurück! Was fällt euch ein! Treulose Tomaten, so eine Unverschämtheit!

PEGGY: Na, im Falle Deiner Inszenierung wohl eher treulose Oliven.

MATHIS: *(sichtlich erregt und wütend zu Peggy)* Ich ersuche Dich, Deine Kommentare in Zukunft zu unterlassen, Verehrteste!

TILMANN: (*fasst Mathis beschwichtigend, fast zärtlich am Arm*) Komm, lass' sie gehen, sie würden uns hier ohnehin nicht mehr von Nutzen sein. Unmotivierte Darsteller schaffen nur neue Probleme. Wir kriegen das mit dem *Frühlingserwachen* schon noch bis zur geplanten Jubiläumsfeier des Münchener Ruderclubs von 1880 e.V. hin, nicht wahr?

MATHIS: O je, die Jubiläumsfeier! Die Jubiläumsfeier hatte ich schon fast vergessen. Wenn ich nur an diese Veranstaltung denke, graut mir!

INGMAR: Ok, Leute, was soll nun geschehen? Wedekind im Original: ja oder nein?

PEGGY: Auf gar- und überhaupt keinen Fall! Diese geschraubte Sprache aus dem 19. Jahrhundert versteht doch heute auch niemand mehr, schon gar kein studentisches Publikum.

VOLKER: Um nur die harmlosesten Beispiele zu nennen: „Topfkuchen", „Schmeichelkätzchen", „Nachtschlupfe": Das ist doch alles so kryptisch, dass es heute niemand mehr nachvollzieht, der nicht Experte für Kulturgeschichte der deutschen Kaiserzeit ist.

TILMANN: Also werden wir dem guten Wedekind ein wenig auf die Sprünge helfen und seine Sprache modernisieren müssen.

MATHIS: Nein! Entweder Antikenparaphrase oder der Urtext von 1891, aber bitte nicht mit dem Holzhammer modernisieren!

PEGGY: Vom Holzhammer spricht ja auch niemand, eher von einer ... einer ... na, sagen wir, behutsamen Anpassung an unsere heutige Lebenswelt.

MATHIS: Meine Güte, bleibt mir denn gar nichts erspart? (*sich, die Hände gen Himmel erhebend, hinknieend*) Womit habe ich nur diesen Probennachmittag verdient?

PEGGY: Frage Dich lieber, womit wir Dich als Regisseur verdient haben!

MARTIN: Außerdem werden wir hier und da ein wenig streichen müssen. Wedekinds Stück hat Längen, gefährliche Längen: Man sollte sie weglassen, damit das Publikum nicht einschläft.

MATHIS: Um Himmels willen, nein! Ein solches Meisterwerk verstümmeln?

VOLKER: Das Stück ist zu lang. Müssen diese ganzen Gespräche über veralteten Schulstoff wirklich sein? Und dann diese Prügelszene zwischen Wendla und Melchior!

PEGGY: Genau, sie gibt dem Verhältnis zwischen Wendla und Melchior einen äußerst unschönen Beigeschmack. Make love not war ...

TILMANN: Wie soll man sich angesichts der törichten Begebenheit die Beziehung zwischen Wendla und Melchior als Liebesverhältnis vorstellen? Das Prügeln macht die ganze Sache fast ungenießbar.

PEGGY: Was zum Kuckuck hat Wedekind nur geritten, so etwas in sein Stück hineinzuschreiben? Also, frisch zur Tat, dort den Rotstift angesetzt!

MATHIS: Ohne mich, dann steige ich aus dem Projekt aus!

VOLKER: Beliebst du zu scherzen, mon trés cher ami? Dir ist noch bewusst, dass Du das Honorar als Regisseur für unsere Theateraufführung anlässlich des 120jährigen Jubiläums des Münchener Ruderclubs bereits erhalten hast? Dir ist auch klar, dass *Frühlingserwachen* bereits seit Wochen auf zahlreichen Plakaten des Rudervereins in der ganzen Stadt als Produktion unserer Bühne für diese festliche Veranstaltung angekündigt worden ist, dass der Termin für den Veranstaltungsabend bereits feststeht? Dass Dein Name auf allen Plakaten als der des verantwortlichen Regisseurs und Dramaturgen bereits zu lesen ist? Du, mon chér ami, kannst nicht mehr aussteigen, wir jedoch als ehrenamtliche studentische Dilettanten sehr wohl. Bedenke: Die Jubiläumsfeier ist bereits nächste Woche.

MATHIS: (*fast weinend, jedenfalls einen äußerst verzweifelten und fatalistischen Eindruck machend*) Was habe ich nur verbrochen, dass mir das Schicksal derart übel mitspielt? Muss ich jetzt Wedekinds Text verstümmeln, um endlich einmal als Dramaturg reüssieren zu können?

INGMAR: Viele große Mimen, die wir auf's Innigste bewundern, haben um ihrer ersten Aufführung willen noch ganz andere Opfer in Kauf genommen.

MATHIS: Bitte komm' mir in dieser Situation nicht mit Gründgens, nicht mit Gründgens! So denn, schnöde Welt: Ade! O, welch ein Künstler stirbt mit mir!

PEGGY: Ich dachte, die Römerei hätten wir hinter uns gelassen. Also gib uns hier nicht den Kaiser Nero. Ich werde Dir bestimmt keine Locusta sein.

MATHIS: So kann ich nicht arbeiten! Ich muss fort hier, was habe ich denn hier noch zu suchen?

INGMAR: Was Du hier zu suchen hast? Du verantwortest ein von Dir übernommenes und Dir bereits bezahltes Projekt!

MATHIS: O grausame Welt! Wie leidet doch der arme Künstler in Dir!

PEGGY: Mir kommen die Tränen, beim Jupiter!

MATHIS: Femina crudelis, tace!

TILMANN: Bei meiner Ehre: Der Bursche kennt seinen Rubenbauer-Hofmann!

VOLKER: (*umarmt Mathis beschwichtigend*) Sieh mal, lieber Freund. Wir werden gemeinsam dem Frühling schon zum Erwachen verhelfen, nicht wahr? Aber dazu musst auch Du, mein lieber Freund, ein paar kleine Konzessionen machen. Diese geschraubte Sprache Wedekinds:

Das geht nicht, das muss unserem heutigen Sprachgebrauch angepasst werden, ebenso manche Szene. Du hast die Wahl: Entweder weiter mit uns zusammenzuarbeiten und ein paar Umformulierungen und Streichungen hinzunehmen oder ... ja oder ... als Verantwortlicher für dieses Projekt ohne unsere Mitarbeit weitermachen zu müssen: Was ziemlich sicher in einem Fiasko exorbitanten Ausmaßes enden dürfte.

MATHIS: O, bleibt mir denn überhaupt noch irgendeine Wahl? Holt Papier, Rotstifte, Bleistifte, was immer: Also werden wir Wedekinds Text nolens volens zurechtstutzen, auch wenn es mir dabei graust!

(Die beiden noch verbliebenen Bahrenträger-Statisten – immer noch in ihren antiken Gewandungen – eilen hinter die Bühne und holen Papier, Stifte und ein Lineal hervor. Mathis und Tilmann begeben sich an den rechten Rand der Bühne, greifen sich zwei hölzerne Caféhaustische, die seit Beginn des Stücks dort gestanden hatten und setzen sich auf die Mitte der Bühne. Sie nehmen zwei Reclam-Ausgaben von Wedekinds „Frühlingserwachen" zur Hand und beginnen mit der Transkriptionsarbeit. Bald streichen sie hier, bald formulieren sie dort um. Man sieht sie angestrengt am Text arbeiten. Ihre Ergebnisse notieren sie auf das mitgebrachte Papier)

TILMANN: *(zu den beiden Bahrenträger-Statisten)* Hallo, Statisten, seid bitte so gut und räumt diese römischen Kulissen hier beiseite. Die brauchen wir in Zukunft nicht mehr.

ERSTER STATIST ALS BAHRENTRÄGER: Wird gemacht Chef! Also, Leute, machen wir uns an die Arbeit. Je eher wir hier fertig sind, desto eher können wir unseren verdienten Feierabend genießen und uns einen hinter die Lampe gießen. *(lacht verschmitzt)*

(Die Bahrenträger-Statisten machen sich sogleich an die Arbeit und räumen die römischen Pappkulissen ab, sodann entfernen sie sämtliche Requisiten, die zur Römerinszenierung gehört hatten nach und nach von der Bühne und bringen Kulissen und Requisiten fort. Derweil vollziehen sich auf der Bühne die folgenden Dialoge. Während Mathis und Tilmann an der Modifizierung von Wedekinds Text arbeiten, sammeln sich Peggy, Volker, Ingmar und Stefan am linken Rand der Bühne in der Nähe der Bühnenkante. Sie tragen teils

immer noch die römischen Gewänder, teils aber auch moderne Alltagsklei-
dung. Martin geht nach hinten ab, um sich für die Proben für die moderne
Version des Stücks umzuziehen, d.h. sich seines antiken Gewandes zu entledi-
gen)

STEFAN: Wollen wir hoffen, dass wir nun endlich einen Zugang zum Stoff bekommen, wenn wir Wedekinds Sprache und seine Szenen etwas entrümpeln.

PEGGY: Ja, so wie sie im Moment erscheinen, haben Melchior, Wendla, Moritz, Ernst und Hänschen einen merkwürdigen Kultstatus: getrennt von uns durch hundert Jahre Theatergeschichte und durch ihre literarische Kanonisierung. In dieser Erscheinung – zumal im Verbund mit Wedekinds Sprache von 1891 – wirken sie gar nicht mehr wie sterbliche Menschen.

STEFAN: Ganz recht; sie wirken wie Götter, wie zu Göttern erstarrte Heroen, weit entfernt in olympischen Höhen, wo ihnen keine Zeit, kein Leid, kein Elend mehr etwas anhaben können.

VOLKER: Vor Göttern kann man nur ehrfürchtig im Staube kriechen. Kaum vorstellbar, dass sie in Wedekinds Text ganz menschlichen Problemen ausgesetzt sind. Kannst Du Dir Melchior Gabor als ganz normalen Kommilitonen oder Jungen von nebenan vorstellen?

PEGGY: Offengestanden nein. Kann ich mir Hercules oder Amphitryon als Jungen von nebenan vorstellen? Wohl kaum.

INGMAR: Sie sitzen dort droben in ihrem literarischen Olymp, lächeln vielleicht hin und wieder huldvoll auf unsere Bühnen hinunter und sind doch ansonsten ganz der heutigen Lebenswelt entrückt und – ewig jung, gehen einher in ihrem Elysium und im strahlenden Glanz des immerwährenden Erinnerns.

STEFAN: Das bringt die Unsterblichkeit nun einmal so mit sich. Wenn einer unsterblich ist, so wird er geliebt. Als Toter wird jeder geliebt.

PEGGY: Da wäre ich mir bei manchen unserer Zeitgenossen nicht so sicher.

INGMAR: Wie tröstlich für Dich, Peggy, Du verkörperst die Göttin Wendla.

(*In diesem Moment steht Tilmann auf und kommt zur Gruppe der Diskutierenden, stellt sich flüsternd hinter Ingmar*)

TILMANN: (*im Flüsterton zu Ingmar*) Er streicht Melchior und Wendla zwei ganze Szenen, Melchior zusätzlich eine dritte, Dir aber, Ingmar – als Moritz – streicht er keine Silbe. Nur verändert er Deine Friedhofsszene doch recht stark. Aber verrate mich bitte nicht Peggy und Volker gegenüber.

MATHIS: (*ruft von der Mitte der Bühne laut zu Tilmann hinüber*) Aber die Ariadnegeschichte bleibt im Stück drin. Diesen einen Regieeinfall müsst ihr mir lassen!

VOLKER: Wenn es denn unbedingt sein muss und Dein Herz dran hängt: Also gut, in Gottes Namen, führen wir die Szene zwischen Ernst und Hänschen als antike Posse auf. Das spielt nun keine große Rolle mehr.

PEGGY: Was soll das? Ich denke, wir wollen *Frühlingserwachen* modern aufführen? Na, was reg' ich mich auf? Mich als Wendla betrifft's ja nun nicht mehr. Sollen sich doch Manuel und Guido damit herumschlagen. Na, die beiden werden sich freuen, wenn sie diesen antiken Quatsch weiterspielen müssen.

(*Tilmann schleicht zur Diskussionsgruppe, stellt sich nun hinter Volker und flüstert diesem zu*) **TILMANN:** Moritz' Szenen werden völlig umgemodelt, Du verlierst zwar drei Szenen, dafür wird Dein Melchior aber viel erhabener und liebenswürdiger als im Urtext. Aber sag' bitte davon nichts zu Ingmar.

MATHIS: Tilmann, wieder zu mir! Die Zeit drängt. Wir schaffen die Modifikation des Textes nur, wenn wir konzentriert zusammenarbeiten.

(Daraufhin wendet sich Tilmann von der Diskussionsgruppe ab und begibt sich wieder auf einen Stuhl, wo er angeregt zusammen mit Mathis weiterarbeitet)

PEGGY: Worum geht es eigentlich in diesem Ariadnemythos und was hat das Ganze mit der aufkeimenden Liebe zwischen Ernst und Hänschen zu tun?

STEFAN: Soweit ich informiert bin, geht es im ursprünglichen Mythos um eine kretische Prinzessin, die sich in einen griechischen Heros verliebt hatte, der den Minotauros, ein Ungeheuer im Labyrinth ihres Vaters, mit ihrer Hilfe tötete. Auf der gemeinsamen Rückreise setzt dieser Heroe – Theseus mit Namen – Ariadne auf der ägäischen Insel Naxos aus.

(Mathis hört diesen Dialog, steht fast wie elektrisiert auf, legt Papier und Stift bei Seite und begibt sich zu der kleinen Diskussionsgruppe. Derweil arbeitet Tilmann im Hintergrund fieberhaft an Wedekinds Text weiter)

MATHIS: In meiner Adaption des Ariadnemythos geht es um Einsamkeit, Selbsterkenntnis, Offenbarung und Liebe! *(hebt euphorisch die Hände zum Himmel empor)*

(Inzwischen heben die beiden Bahrenträger-Statisten die Kulissen und sämtliche Requisiten, die noch an die Römerinszenierung erinnerten, von der Bühne geräumt. Sie ziehen sich hinter die Bühne in die Garderobenräume zurück, um sich für die Proben der neuen Version des Stücks umzuziehen. Desgleichen verlassen Volker und Ingmar die Bühne, um sich für die Probenarbeit im modernen Gewand umzukleiden. Nur Mathis, Peggy, Stefan und Tilmann bleiben auf der Bühne zurück; Peggy und Stefan noch immer in römischer Gewandung)

STEFAN: Und wer verkörpert Ariadne in Deiner Version?

MATHIS: Selbstredend Ernst Röbel. Das Geheimnis der Liebe berührt ihn, nimmt ihn bei der Hand. Und er ist in Einsamkeit und Coming-out-Schmerz noch so gefangen, auf sich selbst zurückgeworfen, dabei noch ganz geschüttelt von seiner ersten, unerfüllten Liebe.

STEFAN: Von seiner ersten und unerfüllten Liebe? Ich denke, im Stück liebt Ernst nur Hänschen Rilow?

MATHIS: Ja, in Wedekinds Urtext schon, aber nicht in meiner Regieführung!

STEFAN: Und wer ist diese erste, unerfüllte Liebe des Ernst, von der Du sprachst?
MATHIS: Einer von den bei Wedekind nicht namentlich genannten weiteren Gymnasiasten. Ich habe ihn Theodor genannt.

PEGGY: Theodor – Thesus, na, das passt ja. Da hast Du endlich einmal Geschmack bewiesen.

MATHIS: Also, zu Eurer Orientierung: Ich resümiere: Der sich im Prozess der jugendlich-homoerotischen Selbsterkenntnis befindliche Ernst Röbel ist von seinem früheren Schwarm, eben jenem von mir hinzu erdichteten Theodor, sitzen gelassen und anlässlich einer Bootsfahrt auf dem Rhein auf einer einsamen Insel ausgesetzt worden. Er verzehrt sich vor Schmerz – über sein Coming-out und über den vermeintlichen Verlust des verlorenen Verehrers – und wünscht sich den Tod herbei.

PEGGY: So etwas endet selten gut.

STEFAN: Ein bisschen verquer ist das schon: ich meine, die griechische Insel Naxos mit einer einsamen Flussinsel im Rhein gleichzusetzen.

PEGGY: Da kann Deine Ernst-Ariadne wohl kaum auf den Schatz des Priamos, viel mehr jedoch auf den Schatz der Nibelungen hoffen.

MATHIS: Musst Du alles verballhornen, was ich kreiere?

PEGGY: Ich werde die Herren nicht mehr weiter bei ihren tiefschürfenden Gesprächen stören: Empfehle mich, mein Herr Regisseur. Ich werd' hinter die Bühne gehen und mich endlich umziehen. (*geht ab*)

MATHIS: (*ihr nachrufend*) Megäre! Harpye! (*sich nun an Stefan wendend*) Wo war ich stehen geblieben? Ach ja, bei der Todessehnsucht des Ernst Röbel! Ja, geschunden von Einsamkeit, Coming-out und Liebesnot wünscht er sich den Tod herbei.

STEFAN: Der Tod kommt aber nicht, sondern ein schöner, dunkelblond gelockter Bursche, der ihn erlöst?

MATHIS: Du vermutest ganz richtig. Es ist der jugendliche Gott Dionysos, der an ihn herantritt, verkörpert durch Hänschen Rilow. In seinen Armen findet er neuen Lebensmut und dadurch, nur dadurch, wird er erlöst, von seiner Todessehnsucht geheilt und zu einem neuen Leben geführt.

STEFAN: Was für eine Geschichte!

MATHIS: An dieser Verwandlung wird Hänschen alias Dionysos zum Gott! O liebliche Gabe der Unsterblichkeit! Wodurch – so frage ich Dich – könnte ein Wesen zum Gott werden, wenn nicht durch solch eine Metamorphose?

STEFAN: Genial! Der Schmerz des Ernst wird zu geronnener Qualität wie ein Stück uralten Harzes zu Bernstein wird, zu etwas unsagbar Kostbarem. (*Kaum hat Stefan diese Worte beendet, regnet feiner Goldstaub von der Decke der Bühne herab*)

MATHIS: (*sichtlich erregt, von Rührung geschüttelt*) Du sagst es, lieber Freund, Du sagst es! Du hast mich wirklich verstanden, Stefan, o, wie habe ich mich bisher in Dir und Deinem Urteil doch getäuscht! Ach, könnt' ich all die Missachtungen, die ich Deiner Person in der vergangenen Zeit zuteil werden ließ, ungeschehen machen.

STEFAN: Auch mir tut es leid, dass ich Dich in vergangener Zeit bisweilen verspottet habe, als etwas weltfremden und verschrobenen Regisseur.

MATHIS: Schwamm drüber, lieber Stefan, Schwamm drüber! (*reckt verzückt die Hände gen Himmel, spricht salbungsvoll erregt*) O Stefan, lieber Stefan, ich sehe nun Vieles mit anderen Augen an. Das Schauspiel, ja das Schauspiel, ist eine heilige Kunst, zu feiern nicht nur Gott und alle Heiligen, sondern auch das Ewige szenisch auszudrücken, den Willen der Ewigkeit in geronnener Wirklichkeit zu offenbaren!

STEFAN: (*mit sichtlicher Rührung*) Ja, ja, ja: Dionysos! Dionysos! Du bist gesegnet, mein Freund! O ihr Götter, welch Festtag ist heute! Welche Freude, zu atmen!

(*Für wenige Augenblicke liegt ein fast göttlicher Zauber über der Szene, auch das Licht der Beleuchtung wechselt zu lieblichem Orange, dann kommen ganz plötzlich Peggy, Tilmann und Renate auf die Bühne: Sofort erstirbt jeglicher Zauber, das Licht wechselt wieder zu neutralem Weiß, das Rieseln des Goldstaubes hört auf; Mathis wird urplötzlich aus seinen Träumen gerissen. Peggy, Tilmann und Renate tragen moderne Alltagskleidung*)

TILMANN: (*in Vertretung des immer noch seiner Sentimentalität frönenden Mathis Regieanweisungen gebend*) Peggy als Wendla, Renate als Frau Bergmann, auf die Bühne, meine Damen! Ich bitt' recht nett; wir proben nun die neue Version von Wedekinds *Frühlingserwachen*. Die erste Probe kann beginnen.

MATHIS: (*urplötzlich aus seinen Träumen und Phantasien gerissen, wirkt recht verwirrt*) Was ist das? Was soll das denn das? Wieso stehen Peggy und Renate in moderner Kleidung hier vor mir?

TILMANN: Falls es Dir entgangen ist: Wir beiden haben in der vergangenen Stunde Wedekinds *Frühlingserwachen* der heutigen Zeit angepasst. Und nun fangen wir mit den Proben dieser aktuellen Version an. Die erste Szene verlangt Wendla Bergmann und deren Mutter auf der Szene.

MATHIS: Ihr werdet doch dieses moderne *Frühlingserwachen* jetzt nicht ernsthaft hier proben wollen?

TILMANN: Eben darum sind wir hier!

MATHIS: Das dürft ihr nicht! Das wäre eine Verunglimpfung des Stoffs, eine Verunglimpfung Wedekinds! Um Himmels Willen, was geht hier vor sich?

TILMANN: Du hast Deine Zustimmung dazu gegeben.

MATHIS: (*verzweifelt wirkend*) O weh? Was habe ich nur getan? Man verstümmelt den Frühling und ich habe noch die Hand dazu geboten? O, o, o!

TILMANN: Du hast gestattet, das Stück zu überarbeiten und zu kürzen!

MATHIS: Was habe ich nur getan? Ich muss verrückt gewesen sein!

TILMANN: (*mit lautstarker Bestimmtheit*) Du hast es erlaubt!

MATHIS: Ich durfte es nicht erlauben! Du durftest mir nicht erlauben, es zu erlauben! Was habe ich mit dieser Welt gemein? Wozu noch weiterarbeiten? Man hat den Frühling verstümmelt und ich habe es nicht verhindert.

(*Inzwischen stehen Peggy als Wendla und Renate als Frau Bergmann auf der Bühne und erwarten Regieanweisungen*) Fort, fort, hier gehöre ich nicht hin! (*Während Peggy und Renate mit ihrem Spiel beginnen, stürzt Mathis, fast hektisch fliegend, von der Bühne herunter. Tilmann sieht im kopfschüttelnd nach, Ende des ersten Aktes*)

ZWEITER AKT - ERSTE SZENE

(Eine Woche später: der große Saal im Bootshaus des Münchener Ruderclubs von 1880 e. V. in Starnberg nahe München. Der holzgetäfelte große Saal ist mit Tischen und Stühlen bestanden, im hinteren Teil befindet sich eine Tonanlage, in der Mitte des Saals ist eine große hölzerne Bühne aufgebaut, um die herum sich reges Treiben abspielt. Im vorderen Bereich weist ein großes, vergoldetes Emblem auf das 120jährige Jubiläum des Münchener Ruderclubs hin. Der Saal ist festlich erleuchtet, mit Blumen und Girlanden geschmückt. Einige Vereinsmitglieder haben sich bereits eingefunden und stehen in Grüppchen herum. Es ist der Abend der Jubiläumsfeier im Frühsommer des Jahres 2000, etwa drei Stunden vor Beginn der geplanten Theateraufführung der Truppe der Studiobühne der Universität München anlässlich des Vereinsjubiläums. Anwesend sind auch ein paar Ruderer des Clubs, ebenso einer der Trainer des Münchener Ruderclubs. Anwesend ist zudem Mathis als Regisseur der Studiobühne der Universität München)

MATHIS: Herr Trainer, hallo Herr Trainer, Sie suche ich bereits im ganzen Bootshaus!

TRAINER: Wie kann ich Ihnen helfen, mein werter Herr Regisseur? Ich muss allerdings anmerken, dass ich in Eile bin. Die Vorbereitungen zur heutigen festlichen Jubiläumsfeier hier im Bootshaus unseres Ruderclubs ...

MATHIS: Bitte einen Moment nur! Herr Trainer, Sie allerdringendst muss ich sprechen.

TRAINER: Worum handelt es sich?

MATHIS: Wie ich eben von einem Ihrer Ruderer gehört habe und was ich kaum glauben kann ...

TRAINER: Ich bitte Sie, mein Wertester, fassen Sie sich kurz!

MATHIS: ... und was mich regelrecht schockiert hat ...

TRAINER: Nun sprechen Sie schon!

MATHIS: ... dass heute Abend neben dem Theaterstück unseres Studententheaters noch eine weitere und sozusagen musikalische Veranstaltung beabsichtigt ist: ein Konzert von Jazzmusikern durch eine Band lokaler Laienmusiker! Das geht nicht.

TRAINER: Geht nicht?

MATHIS: Darf nicht!

TRAINER: Wie beliebt?

MATHIS: Das Theaterstück *Frühlingserwachen* wurde eigens durch mich und meine Theatertruppe für diese feierliche Veranstaltung und auf Bestellung des Vorstands Ihres Vereins umgeschrieben, arrangiert und aufwendig geprobt. Übrigens auch nach Vorstellungen, Ideen und gewünschten Motiven von Seiten Ihres verehrten Herrn Sponsors in dieser lauen Frühlingszeit, passend sozusagen zum Titel des Stücks. Es kann uns als Künstlern der Studiobühne der Ludwig-Maximilians Universität daher keineswegs gleichgültig sein, in welchem Rahmen diese Theaterdarbietung dem Publikum heute Abend serviert wird.

TRAINER: Aha, wie interessant. Dann darf ich Ihnen hiermit im Namen des Sponsors unseres Rudervereins, wie ich einen der reichsten Männer Münchens wohl nennen darf ...

MATHIS: Bitte ersparen Sie mir derartige Floskeln.

TRAINER: ... einen der reichsten Männer Münchens wohl nennen darf, versichern, dass dieses Arrangement von Musik und Schauspiel nach wohlüberlegter Lösungsfindung sowohl durch den Sponsor als auch durch meine Wenigkeit als Trainer unseres Clubs in Aussicht genommen wurde.

MATHIS: Das kann ich leider als Impresario unserer Studiobühne und Arrangeur des heutigen Schauspiels nie und nimmer erlauben!

TRAINER: Hör ich recht? Erlauben? Ich wüsste nicht, wer außer unserem gnädigen Herrn Sponsor, auf dessen alleiniges finanzielles Engagement hin Sie sich heute Abend hier befinden und Ihre dramaturgischen Kunstfertigkeiten die Ehre haben, abliefern zu dürfen, etwas zu erlauben, geschweige denn zu befehlen hätte.

MATHIS: Diese dramaturgischen Kunstfertigkeiten stellen ein ernstes Werk des Sprechtheaters dar. Sie können nicht einfach mit dem Getröte einer Jazzmusikkapelle am gleichen Termin aufgeführt werden.

TRAINER: Aha, wieso denn nicht?

MATHIS: Ihr Vorgehen ist schlicht und ergreifend gegen unsere Vereinbarung!

TRAINER: Sehen Sie, mein Wertester, Sie werden doch sicherlich einsehen, dass es nicht die Sache unseres verehrten Herrn Sponsors ist, wenn er ein gesellschaftliches Ereignis bestellt und bezahlt, dass er sich dann vor den Handwerkern und Schauspielern auch noch dafür zu rechtfertigen hat, in welchem Rahmen dieses aufgeführt werden soll. Unser Herr Sponsor ist gewohnt, Anweisungen zu erteilen und diese befolgt zu sehen. Im Übrigen darf ich Sie daran erinnern, dass sie das Honorar für Ihr dramaturgisches Arrangement bereits erhalten haben.

MATHIS: Das ist mir durchaus bewusst. Ich bezweifle nicht die Zahlungsfähigkeit Ihres Sponsors.

TRAINER: Für eben den Sie die Ehre haben, zusammen mit ihren Studentendarstellern Ihre Darbietung heute Abend abzuliefern. Ihr Schaustück wird nach dem großen Festbuffet und vor der Musik stattfinden. Aber achten Sie bitte darauf, dass die Aufführung auch nicht einen Wimpernschlag länger dauert als anberaumt, denn für Punkt zehn Uhr abends ist ein Feuerwerk im Garten unseres Bootshauses in Aussicht genommen.

MATHIS: Aber wieso um alles in der Welt haben Sie nach unserem tiefgründigen Werk noch eine solche musikalische Posse anberaumt? Dadurch wird das Erlebnis wahrer Kunst den Teilnehmern Ihres Jubiläumsereignisses verleidet.

TRAINER: Soweit ich weiß, ist unser werter Herr Sponsor schon seit mehreren Tagen verärgert darüber, dass auf der Bühne, ja gerade auf der Jubiläumsbühne eines so pekuniären und exquisiten Ruderclubs wie dem unsrigen ein so armseliger Schauplatz wie eine wüste Insel ihm dargeboten werden soll und ist aus eben diesem Grund auf den sublimen Gedanken verfallen, dieser wüsten Insel – sozusagen als akustische Ergänzung – anschließend die Musik einer anspruchsvollen Band beizugesellen, um somit den Beigeschmack der Langeweile einigermaßen stilvoll kaschieren zu lassen.

MATHIS: (*erstaunt, entsetzt*) Ein im Coming-out befindlicher Jüngling, Herr! Es ist das Sinnbild menschlicher Einsamkeit! Auf sich selbst, seinen Schmerz, seine Selbsterkenntnis, auf seine neuen Empfindungen zurückgeworfen! Rings um sich nur Wind und Wellen, Bäume und Sträucher! Sieht Ariadnos, sieht Ernst Röbel, kurz: Sieht dieser Jüngling ein menschliches Antlitz, wird mein ganzes Stück sinnlos!

TRAINER: Aber die Zuschauer unterhalten sich, mein Guter! So wie es momentan ist, könnte man darüber im Stehen einschlafen.

MATHIS: Ist das Ihr Ernst?

TRAINER: Na, mein Hans garantiert nicht. Außerdem sollten Sie bedenken, dass unsere Jubiläumsgäste gerade vom Buffet gekommen sein werden, wenn sie die Ehre haben, ihren Darbietungen beizuwohnen. (*fällt in oberbayrischen Dialekt*) Da sollt's hoit zum End' hin no was leicht's sein, ned woar?

MATHIS: (*verwirrt und schockiert*) So sehen Sie also unsere Inszenierung von *Frühlingserwachen* als für die Verdauung Ihrer Jubiläumsgäste förderlich an?

TRAINER: Sie sagen es. Zuvörderst das Buffet, danach Ihr Drama auf der Festbühne, dann die Musik und schließlich – als genießerischer Abschluss des Ganzen – das Feuerwerk. Sie entschuldigen mich; wie Sie sehen, habe ich hier alle Hände voll zu tun. (*geht ab*)

MATHIS: Was für ein bornierter Kerl! Ein musikalisches Nachspiel, nach Ariadnos! Seichte Melodien, Stargehabe mit Saxophon und Schlagzeug! Das Geheimnis der Liebe, das Geheimnis seines Wesens und seiner Empfindung tritt an diesen einsamen und verwirrten Jüngling heran, nimmt ihn bei der Hand! Und diese, diese vulgären Ruderer bestellen sich ein Affenkonzert, um das Gefühl identitätsstiftender Ewigkeit aus ihren unsagbar banalen Schädeln hinwegzuspülen! (*lange Pause, während der Mathis äußerst erzürnt bleibt, schließlich ruft er entsetzt aus*) Mein Gott!

(*In diesem Moment kommt Manuel durch den Haupteingang des großen Saals herein, erblickt Mathis und geht schnellen Schritts auf ihn zu*)

MANUEL: Grüß' Dich, Mathis. Aber, aber ... Du wirkst ja ganz verstört. Was ist denn los?

MATHIS: Ein musikalisches Nachspiel, Manuel, ein musikalisches Nachspiel!

MANUEL: Offengestanden kann ich Dir nicht ganz folgen, mein Wertester.

MATHIS: Manuel, dieses maßlos ordinäre Publikum hier konsumiert ein Coming-out-Drama zugleich mit Jazzmusikgeschrammel.

MANUEL: Ich bitte um Verzeihung, aber ich weiß nicht, wovon Du redest.

MATHIS: Der Herr Sponsor dieses illustren Ruderclubs haben sich in seiner unendlichen Weisheit dazu entschlossen, nach unserem Ernst-Ariadnos noch ein heiteres Jazzmusikkonzert auf der Bühne folgen zu lassen. Verstehst Du jetzt meine Entrüstung? O Manuel, müssen wir denn immerzu Knechte sein und am finanziellen Gängelband solcher Mäzene hängen?

MANUEL: So beruhige Dich doch, das ist doch kein Beinbruch!

MATHIS: Ich will mich nicht beruhigen! Ein Musikkonzert nach dem Geheimnis selbstfinderischer Ewigkeit und menschlicher Selbsterkenntnis. Gnoti sauton! Dass ich einen solchen Abend noch erleben muss! Ich hab' schon das ganze Stück umschreiben müssen, weil Peggy und die anderen bei den Proben aussteigen wollten. „Wie mögen Deine Antikeninszenierung nicht" – haben sie mir an den Kopf geknallt. Wem sag' ich das? Du warst ja dabei! Nun gut, ich hab's geschluckt! Und nun das!

MANUEL: Das kriegen wir schon hin. Immerhin (*macht eine verschmitzte Pause*) wird unser Ariadnos ja noch stattfinden, nicht wahr? Und sei versichert: Ich werde heute den traurigsten, selbstfinderischsten, erschüttertsten und am Ende erlöstesten Ernst-Ariadnos geben, den die Welt je gesehen haben wird!

MATHIS: Dies heute erlebt zu haben, vergiftet meine Seele für immer! Es ist unmöglich, dass mir je wieder ein Hexameter einfällt! Schon gar kein griechischer ...

MANUEL: Momentan sollten wir nur an eins denken: unseren Part des heutigen Abends so glänzend wie irgend möglich über die Bühne zu bekommen. Und da erscheint es mir als wesentlich wichtiger, sich vorher noch mal mit den fünf Ruderern zu verständigen, die von Seiten des Clubs vorige Woche abkommandiert wurden, um unsere Statisten zu ersetzen. Du erinnerst Dich: die Statisten, die unser Projekt vor einer Woche verlassen haben?

MATHIS: Ja, ja doch! Irgendwer muss ja die Dorfbewohner in der Beltane-Szene verkörpern. Wieso sollen das nicht auch oberbayrische Ruderer übernehmen?

MATHIS: (*winkt einen Ruderer des Clubs herbei*) Lieber Freund, schaffen Sie mir die Ruder herbei. Lassen Sie diese wissen, dass sie sich hier versammeln sollen zu einer letzten Verständigungsprobe.

ERSTER RUDERER: Die Ruder werden schwerlich kommen, erstens, weil's keine Füß' nicht ham und zweitens, weil's in der Hand sind.

MATHIS: Wenn ich sage „die Ruder", so mein' ich die Sportler.

ERSTER RUDERER: Ach so. Die sind gegenwärtig nicht zu sprechen.

MATHIS: Was soll das heißen? Wer in meinem Stück mitspielt, ist für mich jederzeit zu sprechen!

ERSTER RUDERER: He, he. (*lacht süffisant*)

MATHIS: Hören Sie auf, so süffisant zu lachen. (*mit scharfem Nachdruck*) Wo sind die Ruder?

ERSTER RUDERER: (*fällt in oberbayrischen Dialekt*) Jo, mein Bester. Die sind halt grad' do wo I au sein sollt' und wo I glei sein werd', anstatt mich noch länger da mit Ihnen abzugeben!

MATHIS: Wo ist das?

ERSTER RUDERER: Bei der Tafel!

MATHIS: Was? Sind die Statisten verrückt? Keine drei Stunden mehr vor dem Beginn der Aufführung beim Essen?!

ERSTER RUDERER: Wenn ich sag' „bei der Tafel", dann mein' ich natürlich den großen Freilufttisch draußen im Garten und nicht den Speisesaal vom Bootshaus do herinnen.

MATHIS: Sie reden recht verworren. Was soll das heißen? Draußen im Garten bei der Tafel ...?

ERSTER RUDERER: Na, die Dollenhöhe tun's messen, capito? Sind also für Sie gegenwärtig nicht zu sprechen.

MATHIS: (*völlig ungläubig und offensichtlich auch unwissend*) Die Dollenhöhe?!

ERSTER RUDERER: Jo freili, beim neuen Achter!

MATHIS: Und das ausgerechnet jetzt?

ERSTER RUDERER: (*im oberbayrischen Dialekt*) Moanan's im Ernst, nur weil Sie mit erna Eleven hier heut' Abend a bisserl Theater machen, krieg mir hier olla an Herzinfarkt oder wos?

MATHIS: Was soll nur bloß aus meiner Aufführung werden?

ERSTER RUDERER: Hobe die Ehre, tu mich empfehlen. (*geht ab*)

(*Mathis steht eine ganze Weile in sich gekehrt auf der Bühne, winkt dann plötzlich einen weiteren Ruderer heran*)

MATHIS: Ham's vielleicht a Stückerl Schreibpapier? Ich hätt' mir für unsere Aufführung gern noch was notiert. Ich vergess' halt so leicht.

ZWEITER RUDERER: Pardon, ich kann nicht dienen. Muss zur Messung der Dollenhöhe. Bis nachher. (*geht ab*)

(*In diesem Moment betreten zwei Musikerinnen und ein Musiker der Jazzband, die nach dem Ende der Theaterdarbietung spielen soll, den Saal. Mathis erblickt sie*)

MATHIS: (*zu Manuel*) Wer sind diese Leute?

MANUEL: Ich hoffe, sie finden Dein Gefallen. Es sind die Künstler von „Munich Blues". Sie geben das heitere Jazzmusiknachspiel nach unserer Theateraufführung.

MATHIS: O nein! Uns mit diesen Leuten in einen Topf?!

ERSTE JAZZMUSIKERIN: Erst nach dem Theaterstück sind wir dran. Es wird schwer sein für uns, die Damen und Herren wieder munter zu machen, wenn sie sich nach diesem Ariadnos- und Dionysoskram wieder besinnen.

ZWEITE JAZZMUSIKERIN: Ja, haben sie sich erst eine Stunde zu Tode gelangweilt, fällt es um so schwerer, sie wieder aufzuwecken.

DRITTER JAZZMUSIKER: Sie kommen von Tische, sind wenig aufgeschlossen für Derartiges. Die Zuschauer machen unbemerkte Nickerchen, klatschen hin und wieder aus reiner Höflichkeit dem Sponsor gegenüber und um sich wach zu halten. Lassen eben diesen ganzen Coming-out-Quatsch über sich ergehen. „Was kommt jetzt?", – fragt man sich! Ein heiterer Reigen bunter Jazzmelodien aus den 20er Jahren. Das gefällt uns, da sind wir bei der Sache – sagt man sich! Sie werden anbetungswürdig unseren Melodien lauschen und (*lange, salbungsvolle Pause*) wenn sie dann in ihren sportlichen Mercedes-Benzen und Ferraris sitzen und nach Bogenhausen, Pöcking und Schwabing zurückfahren, werden sie überhaupt nicht mehr wissen, dass es außer einem wunderbaren Jazzabend noch irgendetwas anderes gegeben hat!

MATHIS: (*fast weinerlich*) O Manuel, Manuel, diese Schmach!

MANUEL: (*salbungsvoll*) Wird Dir nicht bange, Sohn des Eros?

MATHIS: Ach, ich möchte Vieles noch verändern! Dem Dionysos klar machen, dass er ein Gott ist, dass er ein verwirrtes und in Selbstzweifel zerfließendes Herz zum Leben hin verwandeln kann! (*lange Pause, in der Mathis überlegt*) Wieso ein heiteres Konzert nach meinem Theater? Wie konnte der Sponsor nur ...?

ERSTE JAZZMUSIKERIN: Weil der ganze Firlefanz zu langweilig ist.

ZWEITE JAZZMUSIKERIN: Worum geht es in diesem ominösen Stück überhaupt, von dem heut' Abend alle sprechen?

ERSTE JAZZMUSIKERIN: Um irgendeinen kretischen Prinzen aus der Zeit der ollen Griechen. Er rettete einem jungen Athener Heros, Theseus mit Namen, das Leben und verliebte sich in diesen. Theseus wollte diese Zuneigung nicht erwidern, wurde schließlich seiner überdrüssig und ließ ihn nächtens auf einer wüsten Insel zurück. (*Pause*) Ariadnos verzehrt sich vor Sehnsucht, Selbsterkenntnis und Gefühlsverwirrung – und wünscht den Tod herbei.

ZWEITE JAZZMUSIKERIN: Ja, ja, den Tod, das sagt man so: Dabei meint er nur einen neuen Verehrer.

DRITTER JAZZMUSIKER: Natürlich, so kommt's ja auch!

MATHIS: (*sehr entschieden, sich in das Gespräch der Musikerinnen und Musiker einmischend*) Nein, mein Herr, so kommt es nicht! Ariadnos ist einer von den Jungen, die nur ein einziges Mal im Leben lieben, verstehen Sie? Nur ein einziges Mal und danach nie wieder.

ERSTE JAZZMUSIKERIN: Kommt nicht der Gott Dionysos in seinem Elend zu ihm?

MANUEL: Ja doch, ganz recht!

MATHIS: (*langsam getragen*) Ariadnos hält ihn für den Todesboten. In seinen Augen, in seiner verwirrten Seele ist er es, und deshalb, ganz allein nur deshalb, geht er mit Dionysos auf dessen Boot. Ariadnos glaubt zu sterben, ja – innerlich stirbt er wirklich!

MANUEL: Aber, Sie müssen wissen, Dionysos führt ihn heran an's Geheimnis der Verwandlung! O ja!

MATHIS: Er ergibt sich dem Tode, ist nicht mehr da (*lange Pause*) – ausgelöscht. Wird von Dionysos hineingestürzt in's Geheimnis der Metamorphose. (*euphorisch*) Wird in des Dionysos Armen neu geboren!

Ersteht neu in dieser Umarmung. Steht wieder auf! (*Pause, danach erneut euphorisch*) Daran wird Dionysos zum Gott!

ERSTE JAZZMUSIKERIN: Und alles ist verdorben, wenn eine Frau zwischen die beiden jungen Männer tritt?

MATHIS: (*entnervt ausrufend*) Mein Gott! Ich überlebe diese Stunde nicht!

MANUEL: Du musst noch ganz andere überleben.

(*Plötzlich tritt der Trainer des Münchener Ruderclubs von 1880 e.V., von Tilmann gefolgt, in den Saal ein. Er wendet sich an die Gruppe der Konversation führenden Darstellenden.*)

TRAINER: Wo sind der Herr Regisseur und die Bandleaderin? Ich habe eine neue Verlautbarung unseres erlauchten Herrn Sponsors für Sie beide.

TILMANN: Eine neue Verlautbarung? Was soll das?

TRAINER: Unser werter Herr Sponsor hat sich nunmehr erneut anders besonnen.

MATHIS: ... anders besonnen?

TRAINER: Bedauerlicherweise ja. Unser Herr Sponsor ist nach nochmaliger, reiflicher Überlegung zu dem Entschluss gelangt, die Abfolge des ursprünglich genehmigten Programms für den heutigen Abend umzuwerfen.

MATHIS: (*völlig ungläubig*) Umzuwerfen?!

TRAINER: ... umzuwerfen und wie folgt zu verändern: Angesichts der Tafelfreuden des Buffets erscheinen unserem sublimen Herrn Sponsor die Szenen des Dramas *Frühlingserwachen* aus der Feder der hiesigen universitären Studiobühne als zu voluminös. Es sollte mehr Zeit für Plaudereien bei Tische bleiben.

MATHIS: (*vollkommen demoralisiert*) Zu voluminös?! Was um alles in der Welt ...

TRAINER: Unser gnädiger Herr Sponsor ist der Ansicht, dass es völlig ausreiche, eben um Liebesglück und Liebesleid, die innerhalb der Geschichte unseres Ruderclubs über viele Jahrzehnte hinweg immer wieder eine Rolle gespielt haben, auf seiner Bühne seinen illustren Gästen servieren zu können, wenn aus dem Stück *Frühlingserwachen* lediglich drei Szenen gegeben werden. Der Rest kann getrost gestrichen werden.

TILMANN: (*ungläubig*) Gestrichen werden? Jetzt, kurz vor der Aufführung, nach all der Probenarbeit?

MATHIS: Ist dieser reiche Mann von Sinnen?

MANUEL: Will man sich hier über uns lustig machen?

TILMANN: Sind die Vereinsmitglieder wahnsinnig? Ich muss augenblicklich sogleich den Sponsor sprechen ...

TRAINER: Bedaure! Es ist genau so, wie es der Herr Sponsor durch mich Ihnen ausrichten lässt: Gegeben werden die Szene von Wendla Bergmann und Melchior Gabor im Wald, die anschließende Szene des Festes Beltane sowie die darauffolgende Szene des Ariadnos auf Naxos. Danach folgen das bereits zuvor anberaumte Jazzmusikkonzert, um die Atmosphäre wieder aufzuheitern (*Pause*) sowie das abschließende Feuerwerk. Dann haben die Herrschaften für das Essen und Plaudern mehr Zeit.

MATHIS: (*völlig entgeistert*) Sie opfern ein großes, unvergleichliches Werk der Literaturgeschichte ihrer Verdauung!

MANUEL: Ich weiß nicht mehr, wo mir der Kopf steht.

MATHIS: Ich habe nichts mit dieser Welt gemeinsam! Das Einzige, was einem hier begegnet, sind Borniertheit und menschliche Gemeinheit! Niemals! Ich werd' mein Stück diesen Banausen heute Abend nicht zum Fraß vorwerfen!

ERSTE JAZZMUSIKERIN: So versuchen Sie doch wenigstens, diese drei Szenen zu retten und dem heutigen Publikum darzubieten!

TRAINER: Seien Sie vorsichtig. Wenn er Sie so reden hört, so begeht er Selbstmord.

ERSTE JAZZMUSIKERIN: Fragen Sie ihn doch lieber, ob er seine Coming-out-Geschichte heute ein wenig verstümmelt auf der Bühne sehen will, oder ob er sie niemals sehen will. Die Szene des Ariadnos soll ja offenbar bestehen bleiben. Was ist eigentlich so schlimm daran, wenn nach diesem einsamen und traurigen Jungen ein wenig heitere Musik erklingt?

MATHIS: Was so schlimm daran ist? Meine Güte, mein Herz ist auf immer erstorben!

TILMANN: Mathis, nun komm' wieder zu Dir; lass' uns doch wenigstens diese drei Szenen retten!

MATHIS: (*von blankem Entsetzen geschüttelt*) Retten?! Retten?! Retten?! Ich Narr, wie könnt' ich nur Vertrauen zu dieser Welt der Reichen und Schönen fassen?

TRAINER: Ich weiß wirklich nicht, wieso Sie diesem doch immerhin noch kompromissvollen Vorschlag unseres erlauchten Herrn Sponsors mit solchem Widerstand begegnen.

MATHIS: So kann ich nicht weiterarbeiten! Tilmann, übernimm' Du als Regisseur meinetwegen, ich muss nur weg hier, weg, weg, weg! (*rennt hysterisch aus dem Saal*)

TRAINER: (*sich an Tilmann wendend*) Somit sind Sie hiermit der neue Regisseur der Theatertruppe. Sie bürgen mir und unserem werten Herrn Sponsor dafür, dass Ihr Theaterstück genau in der soeben besprochenen Form heute Abend problemlos abgeliefert wird.

TILMANN: Was bleibt mir denn auch anderes übrig? Nun gut, ich will's tun.

(*Ende der ersten Szene des zweiten Aktes*)

ZWEITER AKT - ZWEITE SZENE

(Das Bootshaus des Münchener Ruderclubs 1880 e.V. in Starnberg, drei Vier-
telstunden vor dem Beginn der Aufführung anlässlich des Vereinsjubiläums.
Vor dem Anfang der Darbietung haben sich Tilmann, Guido, Peggy, Manuel,
Ingmar und Volker in einem großen Umkleideraum, der zur Garderobe
umfunktioniert wurde, versammelt. Sie tragen bereits die Kostüme des Stücks
„Frühlingserwachen")

INGMAR: Hoffentlich geht heute Abend alles gut: Nach den vielen
Veränderungen, Kürzungen, Streichungen bin ich mir da nicht mehr
so sicher.

PEGGY: Nachdem uns unser ruhmreicher Regisseur verlassen hat.
Ach, Männer! Wenn ich hier die Regie innehätte, dann wären wir
schon vor Wochen mit Allem fertig geworden.

VOLKER: Nach der Streichung fast aller Szenen des Stücks bis auf drei
bezweifle ich, dass unser guter Tilmann heute Abend zu beneiden ist.

PEGGY: Ja, es scheint, dass all dies dem Thema und Wedekinds Stück
nicht wirklich gutgetan hat.

TILMANN: Dann macht es doch besser, wenn ihr immer an allem
etwas zu Nörgeln habt! Was soll ich denn anderes machen in dieser
Notsituation?

PEGGY: Her mit Papier und Stift und ich zeige euch, was qualitätvolle
Dramaturgie bedeutet. Ihr wollt Männer sein? Ausgestopfte Unterho-
sen ...

TILMANN: Mathis hatte ganz recht. Dein sehnlichster Wunsch scheint
es zu sein, einmal als Regisseurin zu glänzen.

GUIDO: Ich finde es gut, dass ihr euch überhaupt daran gemacht habt, Wedekinds Text zu kürzen und zu überarbeiten. Schreibt, junge Shakespeares, schreibt!

INGMAR: Vorsicht, lieber Freund, Vorsicht! Wenn wir Peggy hier ungehindert schalten und walten lassen, dann wird das wohl eher die Neuauflage von *Einer Widerspenstigen Zähmung* als von *Frühlingserwachen*.

PEGGY: Chauvis seid ihr alle miteinander!

MANUEL: Also ich für meinen Teil bin gegen weitere Veränderungen am Text. Ich habe vorgestern Abend fünf geschlagene Stunden damit zugebracht, meinen Text zu lernen. Das mit Hänschen Rilow und Ernst Röbel ist schließlich keine kleine Geschichte, sondern ein antikes Mysterienspiel.

PEGGY: Dieser leidige Antikenfimmel unseres lieben Mathis hat uns diese seltsame Geschichte beschert.

TILMANN: Also soll's jetzt bei der letzten Textversion bleiben oder nicht? Auch bei den beiden seltsam historischen Szenen zwischen Wendla und Melchior? Diese komische Geschichte mit dem Beltane-Fest und dem keltischen Hintergrund verstehe ich auch nicht recht. Warum haben wir ausgerechnet diese beiden Szenen nicht umgearbeitet?

INGMAR: Das habe ich letzte Woche auch nicht verstanden. Durch die neuerliche Anweisung des Sponsors fallen nunmehr sämtliche modern umgestalteten Szenen weg. Nun wird unsere Version von *Frühlingserwachen* also doch ein Kabinettstückchen im historischen Gewand. (*Pause*) Aber ja doch! Uns läuft die Zeit davon, wir können nun, drei Viertelstunden vor der Jubiläumsaufführung, nicht noch Dinge ändern! Wir können es uns zeitlich einfach nicht mehr leisten, noch weiter am Text herumzumanipulieren.

TILMANN: Manipulieren? So nennst Du meine literarische Arbeit? Na, ich danke schön!

MANUEL: Leute, das führt doch jetzt zu nichts. Lasst uns bitte endlich mit den Vorbereitungen für die Aufführung fortfahren. Dass Mathis uns so überstürzt verlassen hat, ist schade. Aber wir dürfen jetzt nicht die Köpfe in den Sand stecken und endloses Diskutieren hilft uns auch nicht weiter.

GUIDO: Gut, Ariadnos, dann begib Dich schon mal in Deine Trauer.

PEGGY: Ernst-Ariadne in einem Weinberg auf einer wüsten Insel ... wie öde!

VOLKER: Du sagst es, Peggy. Es gibt nichts Langweiligeres als eine wüste Insel.

MANUEL: Ernst Röbel als Verkörperung der männlich umgedeuteten Ariadne auf Naxos: Er ist eine Allegorie des menschlichen Verlassenseins! Nichts um sich als die Weinreben, das Vogelgezwitscher, den Wellenschlag des Wassers am Ufer, das Echo des Windes in den Baumwipfeln.

VOLKER: Eben deshalb braucht dieser Ernst Gesellschaft.

MANUEL: Nein, Ernst ist der eine unter Tausenden. Er ist der Junge, der nichts verdrängt, völlig allein zurückgeworfen ist auf sich selbst und deshalb ins Elend stürzt.

PEGGY: Aus dem er ja dann glücklicherweise gerettet wird.

TILMANN: Dionysos macht's möglich!

PEGGY: Ich für meinen Teil werde mich wieder mit den Vorbereitungen auf meinen großen Auftritt heute Abend befassen. Moi möchte nämlich nicht nur perfekt spielen, sondern auch noch gut aussehen. Das heißt, meine Herren Kavaliere, dass ich nun die Maske aufsuchen werde ... Und das solltet ihr demnächst auch schon tun. Ihr wisst doch: Ungeschminkt sollst Du nicht auf die Bühne treten ... (*geht in Richtung auf die Garderobenräume ab*)

GUIDO: Ich liebe es, wenn mir gleichaltrige Frauen immerzu sagen, was ich zu tun habe.

(*Stefan betritt in gewöhnlicher Alltagskleidung, sogar noch in einen Mantel gehüllt, von Außen die Bühne, offenbar ist er in einen Regenguss geraten*)

STEFAN: Was für ein Mistwetter, und das am Abend der Aufführung. Dabei haben wir bereits Frühsommer! Zum Glück hatte ich einen Regenschirm eingesteckt. Beim Abendspielleiter brauch' ich mich ja nun nicht mehr zu melden, der steht ja hier schon direkt vor mir. (*wendet sich an Tilmann*)

TILMANN: Schön, dass Du auch schon erscheinst. Rasch, zieh' Dich um und geh' in die Maske. In einer halben Stunde fängt die Aufführung an.

STEFAN: Gemach, Tilmann, gemach. Alles zu seiner Zeit. Wo ist Peggy? Ich habe eine Nachricht für sie von ihrer Tagesmutter.

MANUEL: Sie ist in der Garderobe. Soll ich sie holen?

STEFAN: Danke, ja, ich wart' auf sie und zieh' mich um, nachdem ich sie informiert habe. (*Manuel geht ab, einige Augenblicke später erscheint Peggy, halbfrisiert und teilweise geschminkt auf der Bühne*)

PEGGY: Ich hoffe, Du hast einen guten Grund, mich beim Frisieren zu stören und aus der Maske holen zu lassen, Stefan.

STEFAN: Ja, so kennen und schätzen wir Dich, ma chér. Zur Begrüßung immer eine Liebenswürdigkeit auf den Lippen.

PEGGY: Ich muss wieder zurück, also, schnell, was gibt's?
STEFAN: Es hat mit Deinem Sohn zu tun.

PEGGY: Mit Konrad? (*sie klingt auf einmal gar nicht mehr selbstbewusst, sondern sehr besorgt*) Was ist mit ihm?

STEFAN: Och, nichts weiter. Nur hat mir seine Tagesmutter anvertraut, dass sie heute leider nur abends Zeit und Konrad vormittags in den Kindergarten gegeben hat. Irgendwer muss ihn dort abholen und zur Tagesmutter bringen.

PEGGY: O, diese Frau! Kein Wunder, dass sie so unzuverlässig ist, wenn sie Deine Nachbarin ist.

STEFAN: Das ist nun der Dank dafür, dass ich für Dich den Postillion gespielt habe! (*geht ab, um sich in der Garderobe umzuziehen*)

PEGGY: Tilmann, ich weiß, dass die Zeit drängt und wir im Verzug sind. Darf ich trotzdem schnell zum Kindergarten? Ich behalt' auch mein Kostüm an und komme sofort wieder zurück. Du weißt ja, ich kann Konrad nicht unbeaufsichtigt lassen mit seinen zweieinhalb Jahren.

TILMANN: (*überlegt einige Augenblicke lang hin und her*) Ok, na gut, mach Dich auf den Weg. Aber in spätestens 20 Minuten sei bitte wieder hier. Die Darbietung vor den Gästen des Ruderclubs ohne Wendla Bergmann, das geht nicht.

PEGGY: Danke, Tilmann! (*umarmt Tilmann unvermittelt und gibt ihm einen Kuss auf die Wange. Dann eilt sie schnurstracks zur Außentür hinaus*)

GUIDO: Auf den Kuss kannst Du Dir aber was einbilden!

VOLKER: Ach, wenn sie mich doch auch einmal küsste! (*schmachtend*)

MANUEL: Na, na, Volker, bist Du etwa in Peggy verschossen? In unsere herbe Amazone? Da musst Du aber Obacht geben, dass sie Dich nicht in der Hochzeitsnacht an einen Kleiderhaken aufhängt, wie Brünhild den König Gunther von Worms.

GUIDO: Ja, die Liebesglut kann einem schon übel mitspielen. Sagt man nicht immer, dass die Liebe von allen Leidenschaften diejenige sei, welche am wenigsten vernünftig mache?

TILMANN: Du hast gut reden! Ihr Junggesellen seid entweder immer verspannt oder macht euch über alle Liierten lustig. Aus Dir bin ich noch nicht schlau geworden, Guido: Entweder bist Du ein ganz abgebrühter Stoiker oder verzehrst Dich nicht nur in der Rolle als Dionysos nach unserem hübschen Manuel.

MANUEL: (*singend und tanzend*) Volker ist in Peggy verliebt! Volker ist in Peggy verliebt!

VOLKER: Peggy ist eine Frau mit vielen Talenten, nicht nur hier auf der Bühne, sondern sie schmeißt auch ihr Studium souverän; dazu ist sie eine engagierte Mutter und ... ja ... auch sehr attraktiv. So, und dabei bleibe ich. Wenn ich nur wüsste, wodurch ich sie für mich einnehmen könnte. (*scheint nachzudenken, grübelnd*)

TILMANN: (*kichernd*) Kauf' Dir schon mal ein Kettenhemd und fordere sie zum Duell heraus. Dann liegt sie Dir bestimmt zu Füßen.

VOLKER: Schuft, elender ...

TILMANN: Aber, da wir nun schon einmal beim Thema sind: Es ist doch wirklich schade, dass wir unsere Herzensdamen heute Abend entbehren müssen. Meine Freundin besucht heut' Abend eine Podiumsdiskussion in der Uni, da werd' ich auf der Jubiläumsfeier hier im Bootshaus wohl recht einsam sein.

INGMAR: (*seufzt*) Ach ja, auch meine hat heute Abend was Anderes vor ...

VOLKER: Ja, wirklich schade für euch beide. Wenn wir heute Abend schon ohne die bezaubernden Damen auskommen müssen, dann lasst uns doch wenigstens über sie sprechen.

GUIDO: Famose Idee, Volker. Ich hab' ne Idee: Jeder von euch beiden schildert uns das Portrait seiner Herzensdame. Tilmann, mach' Du den Anfang.

TILMANN: (*räuspert sich, versucht besonders würde- und salbungsvoll zu wirken*) Die Dame meines Herzens ist die lieblichste Rose im Garten der Frauen.

(*Guido und Manuel lachen schallend und schenkelklopfend auf, bald stimmt auch Ingmar – wenn auch nicht so heftig – in das Gelächter mit ein*)

TILMANN: (*wird langsam zornig*) Wollt ihr meiner Freundin vorwerfen, dass sie ihre Schönheit künstlichen Mitteln verdankt?

(*Das Gelächter schwillt an, Guido, Manuel und Igmar biegen sich vor Lachen*)

TILMANN: Dadurch wird ihre Anmut beständig wie diejenige der schaumgeborenen Venus.

(*Weiterhin Gelächter von allen Seiten*)

TILMANN: Sie wird vom Zahn der Zeit nicht geängstigt.

(*Das Gelächter wallt noch einmal auf, flaut dann nach und nach ab*)

GUIDO: (*noch lachend*) O je, war das amüsant! Und nun Du, Ingmar!

INGMAR: Ich soll nun meine Freundin beschreiben?

MANUEL: Gewiss doch, nur zu!

INGMAR: Meine Freundin ist schön wie eine Göttin. Ihr Lächeln ist unbeschreiblich, leider lächelt sie selten. Meine Göttin ist streng, furchtbar streng.

GUIDO: Nun, ich beginne fast zu glauben, dass Deine Freundin in der Tat schön ist, eine zweite Peggy vielleicht?

(Erneut schallendes Gelächter, nur Volker schweigt betreten)

INGMAR: Peggy ist eine reizende Dame, keine Frage, aber meine Katharina ist weitaus attraktiver. Ich behaupte sogar, ganz München, Bayern, ja Deutschland, gar Europa haben keine zweite solche Schönheit aufzuweisen.

VOLKER: Machst Du Dich über uns lustig? Deine Frau mag ganz annehmbar sein, aber eine Peggy, nein, garantiert nicht! Du hast übertrieben, gib's zu.

INGMAR: Nein, ich habe nicht übertrieben! Es ist genauso, wie ich sage, Kruzifixsakrament!

TILMANN: Beruhigt euch, Freunde! Jetzt bloß keinen Streit wegen eines solch albernen Zeitvertreibs. *De gustibus sexualibus non disputandum est!*

(Plötzlich hört man Rumoren und Stimmen aus dem Bereich des hinter den Garderoben liegenden Seiteneingangs des Bootshauses; eine laute Stimme scheint sich den Weg in Richtung Festsaal zu bahnen. Die Darstellenden horchen auf. Inzwischen haben die Bühnenarbeiter [Statisten] begonnen, die Bühne für die Premiere vorzubereiten, indem sie Requisiten platzieren und den Vorhang heben)

INGMAR: Wer mag das wohl sein, der da mit solcher Donnerstimme durch den Seiteneingang des Bootshauses kommt?

TILMANN: O je! Sie sagen „Herr Intendant" zu ihm!

GUIDO: Um Himmels willen! Glenn kommt uns besuchen.

TILMANN: Der Intendant der Münchener Studiobühne, den hatte ich ganz vergessen!

INGMAR: Was zum Teufel hat die Unileitung nur geritten, uns diesen schwarzgelockten Milchbubi zum Intendanten vorzusetzen? Wie er immer herumstolziert. Sein Eau de Parfum kann man meilenweit riechen.

VOLKER: Und dazu ist er ein ungehobelter Grobian, der sich in alles einmischt und Moralvorstellungen aus dem Kaiserreich vor sich herträgt.

TILMANN: Ich weiß noch, wie er neulich die halbnackten Putten bei den Proben von Beaumarchais „Hochzeit des Figaro" eigenhändig entfernt hat. Ach was sag' ich: entfernt! Rot vor Jähzorn von der Bühne geworfen hat er sie! Dabei hat er von Tuten und Blasen keine Ahnung. Der Regisseur war über alle Maßen aufgebracht, aber das hat unseren lieben Glenn nicht interessiert.

INGMAR: Es ist nicht leicht, einen Intendanten über sich zu wissen, der sich über jedes Quäntchen Erotik und Frivolität ärgert, als ginge die Welt unter.

VOLKER: Er scheint die Natürlichkeit des menschlichen Körpers wirklich für etwas Anstößiges, etwas Widerwärtiges zu halten.

TILMANN: Soll er doch wieder nach Herborn gehen, wo er hergekommen ist, der alte Nassauer, der miesepetrige, prüde, bigotte Beinahe-Mönch!

VOLKER: Ja, ja, das Gießener Hinterland ist die Heimstatt vieler prüder Pietisten.

(*In diesem Moment betritt Glenn, der Intendant der Studiobühne der Münchener Universität, durch den zur Garderobe umfunktionierten Umkleideraum. Er ist groß, stattlich gewachsen, mit lockigem, schwarzen Haarschopf und einem sehr jugendlichen, weichen und schönen Gesicht. Er trägt ein Schnupftuch in der einen, einen Stock in der anderen Hand, dazu modische Alltagskleidung und einen orangefarbenen Dufflecoat. Man könnte ihn für einen gutaussehenden Oberschüler halten*)

GLENN: Hier sind Sie also! Wollte mich nur noch vite, vite erkundigen, wie die Vorbereitungen für die Aufführung heut' Abend vorangehen. Machen Sie mir keine Schande, meine Herren! Wo ist der Herr Regisseur?

TILMANN: Ich bin untröstlich, aber Mathis hat uns vor zwei Stunden ganz plötzlich verlassen und wird, wie ich fürchte, während des gesamten Jubiläumsabends nicht wieder erscheinen.

GLENN: Was? Was erdreistet sich der Kerl! Ungeheuerlich! Würde sich doch in Herborn niemand erfrechen! Pflichtvergessenheit und Faulheit sind aller Laster Anfang, merken Sie sich das, meine Herren! Ich dulde in meiner Studiobühne weder Unflätigkeiten noch Schamlosigkeit noch Pflichtvergessen! Üb' immer Treu und Redlichkeit, das hat das Motto unseres Hauses zu sein. Sie, Tilmann, schaffen Sie mir auf der Stelle den Regisseur herbei. Bei Gott und allen Heiligen, dem Kerl wird' ich die Hammelbeine langziehen! Der soll sich daran erinnern, was Zucht, Ordnung, Pflicht bedeuten! Aber, brav, Tilmann, brav, dass Sie Mathis' Pflichten übernehmen. Da erkennt man noch die Erziehung alter Schule. Gut gemacht, repetieren! *(nimmt seinen Stock und schlägt damit voller Wucht auf einen im Raum stehenden Tisch)*

TILMANN: Dürfte ich Ihnen untertänigst noch in wesentlichen Zügen das nunmehr veränderte Stück und meine Inszenierung schildern?

GLENN: Interessiert mich nur insofern, als darin hoffentlich nichts Anstößiges vorkommt. Beim Thema *Frühlingserwachen* hab' ich die größten Bedenken, müssen Sie wissen. Das bereitet mir schlaflose Nächte. Nicht auszudenken, wenn wir uns vor dem Sponsor des Rudervereins oder dem Trainer blamierten!

TILMANN: ... und das in der Anwesenheit der Crème der Münchner Gesellschaft.

VOLKER: *(leise zu Guido)* Ja, wenn sich der verdrießliche Hagestolz dann einsam und kalt und allein in seinem Bett hin und her wälzt. *(kichert auf)*

GLENN: Finalement meiner Einschätzung nach: Wedekind: Schundautor, Lasterbube! Solche Herren verlotterten im 19. Jahrhundert das sauer erwirkte Vermögen ihrer Vorfahren mit Schande und schamlosem Treiben. Leider hat ein Berliner Gericht dieses Schundstück 1906 zur Aufführung freigegeben. Wedekind: Sittenverderber übelster Sorte, (*wird laut, schreit*) von dem halt' ich nicht viel! Kann mich leider nicht ganz widersetzen, wenn der Vereinsvorstand eine Aufführung wünscht. Doch wenn dieses impertinente Machwerk trotz meines Protestes – ich wiederhole: trotz meines ausdrücklichen Protestes – zur Aufführung gebracht werden soll, (*brüllt Tilmann an*) dann wissen Sie hoffentlich, was Sie zu tun haben!

TILMANN: Habe verstanden: Biedere Aufführung, Geist des 19. Jahrhunderts, kein Fetzchen nackter Haut, nichts Anstößiges, Zucht und Ordnung!

GLENN: So ist es! Zucht, Ordnung und gute Sitten haben noch keiner Bühne geschadet. Ich wollte ein verfluchter Don Giovanni sein, wenn irgend so ein hergelaufener Möchtegernkünstler, so ein ausgekochter Sittenstrolch daherkäme und meine Studiobühne zum Tummelplatz seiner Gelüste machte. Davor sei Gott!

TILMANN: Ich denke, Sie brauchen sich keine Sorgen zu machen. Sie werden heute Abend bei der Aufführung hier im Bootshaus nicht das Geringste vorfinden, das Ihren Anstoß erregen könnte.

GLENN: Guter Mann! Verlasse mich auf Sie, Tilmann! Und wenn Sie das Thema Erotik anschneiden müssen – was sich bei diesem infamen Opusculum aus Wedekinds übler Klaue ja leider nicht ganz vermeiden lassen wird – dann bitte: avec discretion et delicatesse! Größte delicatesse, Sie verstehen!

TILMANN: Mon chér Intendant, c'est pas une question de delicatesse mais d' austérité de moeurs.

GLENN: Trés bien. L'austerité de moeurs, c'est une grande importance. Bon! Wir haben uns also verstanden. Ich werde Sie nun bei Ihren rührigen Vorbereitungen nicht länger stören. Wünsche Ihnen allen für nachher toi, toi, toi.

GUDIO: Vielen Dank, Herr Intendant!

MANUEL: Tölpel! Man bedankt sich nicht für ein „toi, toi, toi" im Theater, das bringt Unglück!

GUIDO: Wir sind hier aber nicht auf dem Theater!

GLENN: (*fasst sich an die Brust*) O je, mein Herz, o je, mein Herz! Ich glaube, ich habe mich wieder zu viel aufgeregt. Ich werde in einem der hier vorhandenen Garderobenräume vor dem Beginn der Aufführung noch ein wenig der Ruhe pflegen. Empfehle mich, meine Herren. (*geht ab*)

VOLKER: Der hat gewiss Staub in den Adern, anstatt Blut.

TILMANN: Immerhin hat er ein Herz in der Brust, da es ihm ja offenbar wehtut.

(*In diesem Moment betritt Peggy durch die Außentür wieder den Garderobenraum*)

PEGGY: So, Konrad ist bei seiner Tagesmutter. Puh, bin ich geplättet. Und dann heut' Abend noch die Wendla geben. O je, Mutter, Studentin und Schauspielerin in einem, ich weiß bald nicht mehr, wo mir der Kopf steht. Aber, aber meine Herren, ihr steht ja alle ganz verdutzt da!

MANUEL: Meine Liebe, Du siehst aus wie eine römische Posse.

PEGGY: Und Du, mon chér, siehst aus wie eine griechische Tragödie.

TILMANN: Glenn hat uns soeben heimgesucht.

PEGGY: Glenn? Bin im Bilde. So und nun, wieder ab in die Maske. (*geht ab*)

(Da erscheint unvermittelt der Trainer des Münchener Ruderclubs im Garderobenraum)

TRAINER: Meine Damen und Herren, auf Ihre Plätze! Die Herrschaften erheben sich gerade vom Tische! Man sollte sich hier beeilen.

TILMANN: Guido, Manuel, Volker, Ingmar: In die Garderobe und Maske! Es geht gleich los. Die Bühnenarbeiter richten bereits die Bühne im Festsaal her, die letzte Beleuchtungsprobe war auch schon. Ich werd' mich nun auch vorbereiten.

VOLKER: *(zu den anderen)* Also los, Leute, bereiten wir uns vor! *(alle gehen ab; Ende des zweiten Aktes)*

DRITTER AKT – ERSTE SZENE

(*Die Darbietung des Stücks ist gekommen, die Aufführung beginnt auf der Bühne des Festsaals im Bootshaus des Rudervereins: Eine Waldlichtung an einem sonnendurchfluteten Frühlingsmorgen, im Hintergrund ein Wäldchen aus Buchen und Eichen, dazwischen bemooste Steine. Im Vordergrund eine grüne Wiese mit vielen Blumen, auch mit Moos bedecktes Gras. Peggy als Wendla Bergmann betritt von der linken Seite die Bühne und eilt auf die frühlingshafte Wiese zu. Es ist der Morgen des 30. April, des Vortrages zum Beltane-Fest. Peggy als Wendla Bergmann trägt ein sommerliches Kleid, eine knöchellange Damentunika mit langen Ärmeln und Sandalen. Sie läuft mit freudigen Tanzbewegungen, auch indem sie sich im Kreise dreht, auf die Lichtung und fängt an, Blumen zu pflücken und diese in einen mitgebrachten Weidekorb zu legen*)

PEGGY (ALS WENDLA BERGMANN): Was für ein wunderschöner Morgen! Wie warm sich die vom Wind des Frühlings geschwängerte Luft doch anfühlt. Und die milde Sonne taucht die Waldlichtung in ein gleißendes Licht. Ach, die vielen schönen Blumen hier auf der Wiese! Morgen ist Beltane und Vieles ist noch vorzubereiten. An einem solchen Morgen kann eine beherzte Frau nicht mehr länger den Schlummer genießen. Sie muss dem weichen Pfuhl des Bettes entspringen und sich aufmachen in den Wald um Blumen zu pflücken und Rinde zu ernten für die Schalmei des Belenus! (*Sie kniet sich in die Wiese, pflückt Blumen und bindet diese zum Strauß. Dann blickt sie auf und sieht in Richtung der Bäume im Hintergrund*)

PEGGY (ALS WENDLA BERGMANN): Was für schöne Eichen. Deren Rinde eignet sich doch sicherlich bestens. O, wo hab' ich nur mein Messer? (*kramt in ihrem Korb nach einem Messer, findet es schließlich und geht damit zu den Bäumen im Hintergrund. Sie untersucht die Stämme der Bäume, indem sie deren Rinde betastet*)

(*Von der rechten Bühnenseite nähert sich Tilmann als Druide der Waldlichtung. Er trägt ein weißes, knöchellanges Gewand mit Kapuze, darunter eine kurze grüne Herrentunika, an den Füßen antike Sandalen. Um den Hals hat er verschiedene Amulette an braunen Bändchen hängen; in der rechten Hand hält er eine Sichel, in der linken einen hölzernen Stab. Er erblickt Peggy als Wendla Bergmann und geht zu ihr hin)*

TILMANN (ALS DRUIDE): Ich grüße Dich, du holde Maid. Sag, was tust Du hier zu dieser Stunde im heiligen Haine des Gottes Lug?

PEGGY (ALS WENDLA BERGMANN): Seid mir gegrüßt, o weiser Druide. Blumen pflück' ich und Kräuter für heilsame Tränke. Morgen ist ja Beltane und das Fest in unserem Dorfe soll prächtig mit Girlanden und Blumen geschmückt sein.

TILMANN (ALS DRUIDE): Sicher wird die Festtafel in Deinem Dorfe die feierlichste und schönste im ganzen Lande weit und breit sein. Doch sag', schöne Maid, wieso gehst Du nicht in den Hain des Gottes Belenus? Oder weißt Du etwa nicht, dass Belenus der Gott des Beltanefestes ist?

PEGGY (ALS WENDLA BERGMANN): Das ist mir wohl bewusst, weiser Mann. Doch sind die Blumen hier auf der Waldlichtung, im Haine des Lug, am schönsten. Zudem begehr' ich noch Weiteres.

TILMANN (ALS DRUIDE): Mich dünkt zu wissen, wonach Du außer Deinen schönen Blumen noch suchst. Ist's die Rinde des Eichenbaumes für eine Schalmei? Am Beltanefest ist es – soweit ich weiß – bei den jungen Leuten ja Brauch, das Fest mit Schalmeienklang zu begrüßen: Schalmeien, gemacht aus Baumrinde.

PEGGY (ALS WENDLA BERGMANN): Nos Calan Mei naht und ich möchte den jungen Morgen, den Beginn des lieblichen Frühlings, mit dem Klang einer Schalmei begrüßen. Deshalb halte ich Ausschau nach der schönsten Rinde von Eiche und Birke. Doch was führt Euch, Herr Druide, hier auf diesen Götterhain?

TILMANN (ALS DRUIDE): Siehst Du hier diese Sichel in meiner Hand? Ich bin gekommen, um die heilige Mistel zu schneiden und zu ernten. Auch heilsame Kräuter such' ich für Tränke, die wir Heilkundigen in großen Kesseln brauen. Doch sag, vielleicht kannst Du einem alten Mann behilflich sein. Siehst Du die Misteln dort oben in dem hohen Eichenbaum? Meine Beine und Arme sind müde, der Rücken ist von vieler Arbeit gebeugt. Bitte, holde Maid, sei so gut, klettere auf den Baum und bringe mir die Misteln. (*reicht ihr die Sichel*)

(*Peggy als Wendla Bergmann geht zu der Eiche hin, versucht, an ihrem Stamm nach oben zu klettern. Nach einigen erfolglosen Versuchen sieht sie ein, dass der Baum zu hoch für sie ist und sie nicht hinauf kann. Sie geht wieder zu Tilmann als Druiden und gibt ihm die Sichel zurück*)

PEGGY (ALS WENDLA BERGMANN): Zu meinem größten Bedauern, o Druide, ist mir diese Aufgabe zu schwer. O wenn doch nur ein junger, großer Mann hier wäre.

TILMANN (ALS DRUIDE): Trotzdem Dank für Deinen guten Willen, du redliches und tugendhaftes Mädchen.

(*Von der rechten Bühnenseite her betritt Volker als Melchior Gabor die Bühne. Er ist als Jäger gekleidet; er trägt eine enganliegende grüne Hose, Bundschuhe, eine grüne Herrentunika, die über die Hose bis zu den Knien reicht. Auf dem Kopf hat er einen grünen Spitzhut, trägt um die Schulter Bogen und Köcher mit Pfeilen darin. Er spannt den Bogen und streicht – nach Wild Ausschau haltend – durch das Gehölz. Endlich erblickt er Peggy und Tilmann und schreitet auf beide zu, während er den Bogen entspannt und den Pfeil in den Köcher zurücksteckt*)

VOLKER (ALS MELCHIOR GABOR): Seid mir gegrüßt, edler weiser Mann. Und auch Ihr, holde Maid, was führt Euch beide auf diese Lichtung zu dieser köstlichen Morgenstunde?

TILMANN (ALS DRUIDE): Sei Du nun auch uns willkommen, wackerer Jägersmann. In Mogotiacum, woher ich komme, kennt man mich weit und breit als Neachdainn der Weise. Ich lehre die Jugend das Wissen unserer Ahnen, ich baue Wege zu den Göttern in heiligen Hainen, ich weiß mit Sichel und Heilkraut umzugehen. Hier im Haine des Lug findet man die schönsten, besten Kräuter im ganzen Lande, auch die besten Misteln. Siehst Du hier diese goldene Sichel? Damit will ich die heilige Mistel ernten für einen Trank zu Ehren des Gottes Belenus. Aus diesem Grunde bin ich den ganzen Weg von Mogotiacum hierher gekommen, heute in der Nacht und übers Morgengrauen.

VOLKER (ALS MELCHIOR GABOR): Dann seid ihr wirklich aus Mogotiacum hierher gekommen? Wegen ein paar Kräutern und Misteln? Das ist ja mehr als vier Wegstunden von dieser Gegend hier entfernt! Welche vorzüglichen Kräuter müssen das sein, wenn Ihr diesen Weg dafür auf Euch nehmt! Weiß Boiorix, unser Häuptling, von diesem fruchtbaren Gefilde?

TILMANN (ALS DRUIDE): Misteln und heilkräftige Tränke? Dafür interessiert sich der schwertgegürtete Adel nicht. Die Gäsaten verbringen ihre Tage lieber mit dem Spiel der Klingen, dem Sausen des Schwertes in der Luft, mit Trinkgelagen in den Hallen. Schwertzeit, Blutzeit, wenn Schilde krachen! Das sind die Geschäfte, für die sich die Adeligen begeistern. Meine Tränke nehmen sie wohl und meinen weisen Worten hören sie wohl bisweilen auch zu, doch Kräuter und Misteln sind ihre Sache nicht. Doch junger Mann, was führt Dich hier in dieses Heiligtum aus Bäumen und Wiese?

VOLKER (ALS MELCHIOR GABOR): Das Fest des Gottes Belenus, Cetsamuin, ist nahe herangekommen und noch harrt meine Sippe des Festschmauses. Deshalb geh' ich hier auf die Pirsch und stelle Rebhuhn, Hirsch und Hase nach. Habt ihr zufällig einen schönen fetten Hasen hier vorbeilaufen sehen? Und was, schöne Maid, führt Euch hierher?

PEGGY (ALS WENDLA BERGMANN): Ich suche biegsame und feste Baumrinde um daraus eine Schalmei zu fertigen. Morgen will ich beim ersten Rot des Tages hinaufziehen mit meinen Freundinnen zum Felsenheiligtum des Belenus, um den neuen Tag und das Fest mit Schalmeienklängen zu begrüßen. Und um die fünfte Stunde werden wir dann einen wunderbaren Maientanz auf dem Dorfplatz haben. Wein und Met werden fließen und wir werden schmausen und feiern.

VOLKER (ALS MELCHIOR GABOR): Ach, könnt' ich doch auch dabei sein und mit Dir, schöne Maid, um den Maienbaum tanzen! (*zu sich selbst*) Sie ist wahrhaftig bezaubernd, schon hat mich der Pfeil des Liebesgottes ereilt. Ja, schönes Mädchen, Dich will ich wiedersehen. Wenn die Mädchen mit Schalmeien zu Cetsamuins Morgen durch die Wälder streifen, das ist wahrhaftig ein erhebender Anblick, ein lieblicher Augenblick des Jahres!

PEGGY (ALS WENDLA BERGMANN): Gerne, edler Jägersmann! Es wäre mir eine Ehre. Siehst Du dort jenen Weiler in der Ferne? Dies ist mein Dorf. Komme morgen zur fünften Stunde dorthin, um mit uns zu feiern und mit mir zu tanzen.

VOLKER (ALS MELCHIOR GABOR): (*gibt ihr einen Handkuss*) Mit dem größten Vergnügen, schöne Dame. Diesen Weiler meinst Du? Diese Häuser kenne ich, auf dem Weg hierher kam ich an Deinem Dorfe vorbei. Es ist auch vom Hofe meiner Eltern gar nicht weit entfernt. Doch nun muss ich euch Lebwohl sagen und weiter dem Wild nachstellen, auf dass meine Mutter morgen ein schönes Stück Braten über dem Feuer hat. Lebt wohl und sodann bis morgen in Deinem Dorf ... (*haucht Peggy als Wendla Bergmann eine Kusshand zu*)

PEGGY (ALS WENDLA BERGMANN): Leb' wohl, wackerer, schöner Jägersmann, bis morgen!

TILMANN (ALS DRUIDE): Halt, junger Jäger, geh noch nicht. Darf ich Dich noch um einen Gefallen bitten?

VOLKER (ALS MELCHIOR GABOR): Euer Ansinnen erstaunt mich. Was kann ein unerfahrener, einfacher junger Mann vom Lande schon für einen so weisen, mit allen Künsten vertrauten Mann wie Euch tun? Nennt Euer Begehr', ich will es gerne tun.

TILMANN (ALS DRUIDE): Eine Sache der Natur ist's, die mich diese Bitte an Dich herantragen lässt. Sieh her, meine Beine sind alt und müde, der Rücken schmerzt, mein Bart und Haar sind grau geworden, die Arme haben ihre Kraft verloren. Siehst Du dort oben in dem

Eichenbaum die Misteln? Ich komme nicht mehr auf diesen Baum hinauf, die Last vieler Winter drückt mir die Schultern und lähmt mir die Beine. Du aber bist jung, mutig und kräftig. Bitte steige auf den Baum hinauf und schneide die Misteln für mich ab. Hier hast Du die Sichel, geh' damit zu Werke. (*reicht Volker als Melchior Gabor die goldene Druidensichel*)

VOLKER (ALS MELCHIOR GABOR): Die Sichel genommen, keck und frisch auf zur Tat. Schnell will ich Dir helfen, Druide, so dass ich wieder auf meine Pirsch gehen kann. Noch fehlen meiner Sippe Rebhuhn, Hase oder Rehrücken. Und nur Kastanien und Gerstenbrei allein will niemand zu Cetsamuin essen. Auch Käse ist für das Frühlingsfest nicht feierlich genug.

(*Peggy als Wendla Bergmann begibt sich in den hinteren Teil der Bühne, geht zu den Eichenbäumen und macht sich am Stamm einer Eiche zu schaffen, indem sie die Rinde betastet und schließlich ihr Messer zückt und beginnt, die Rinde des Baumes in Streifen abzuschneiden und in ihren mitgebrachten Weidenkorb zu legen. Derweil legt Volker als Melchior Gabor Bogen und Köcher bei Seite, geht zu der von dem Druiden gewiesenen Eiche und beginnt damit, den Baum zu ersteigen. Nach zwei Versuchen gelingt es ihm und er klettert einen starken Ast im oberen Bereich des Baumes, ganz in der Nähe der von dem Druiden ins Auge gefassten Misteln. Endlich hat er die Misteln erreicht und versucht, diese mit der Sichel abzuschneiden. Er greift und schneidet jedoch mehrfach daneben, verliert schließlich auf dem Ast das Gleichgewicht, taumelt, wankt und stürzt schließlich vom Baum herunter in das weiche, bemooste Gras unterhalb des Eichenbaums*)

VOLKER (ALS MELCHIOR GABOR): (*laut und voller Wut ausrufend*) Autsch! So ein verfluchter Mist!

TILMANN (ALS DRUIDE): Jugendliche Hitze aber wenig Geschick!

(*Peggy als Wendla Bergmann schreckt infolge des Absturzes Volkers vom Baum aus ihrer Arbeit hoch, dreht sich um, wendet sich zu Tilmann hin*)

PEGGY (ALS WENDLA BERGMANN): Männer! Immer dasselbe: Wenn man sie einmal braucht, ist kein Verlass auf sie. Man kann ihnen nichts anvertrauen! Alles muss man selbst machen.

(*Volker als Melchior Gabor rappelt sich, schüttelt sich und steht verdattert auf. Das Bild friert ein; Ende der ersten Szene des dritten Aktes*)

DRITTER AKT – ZWEITE SZENE

(Auf der Bühne des Bootshauses des Münchener Ruderclubs e.V. zu Starnberg: Ein keltisches Dorf der La-Téne-Zeit in der Nähe von Mogotiacum-Mainz. Alle Mitglieder des Ensembles der Studiobühne der Universität München mit Ausnahme von Peggy als Wendla Bergmann, Volker als Melchior Gabor und Tilmann als Druide verkörpern keltisch-gallische Dorfbewohnerinnen und Dorfbewohner; hinzu kommen einige Mitglieder des Ruderclubs als Dorfbewohnerstatisten. Sie tragen bunte, karierte Tuniken, die um die Taille gegürtet sind und Bundschuhe; die Männer zudem einfarbige Hosen, die Tuniken der Damen reichen bis zu den Knöcheln. Im Zentrum der Bühne befindet sich ein über und über mit Blumengirlanden geschmückter Maienbaum. Am linken Rand der Bühne befindet sich ein großer Heuschober, in dem noch eine Mistgabel steckt. Zu Beginn der Szene schreiten die Dorfbewohnerinnen und Dorfbewohner, vom Druiden angeführt, in einer Prozession von der linken Seite der Bühne her ins Zentrum, wobei sie halbbogenförmige, große Blumenkränze tragen. Einige Herren haben Schalmeien in der Hand und tröten auf diesen. Ein fröhliches Gemurmel und Getuschel erfüllt den Raum. Die Damen des Dorfes tragen transparente Schleier aus dünnem Stoff, Peggy als Wendla Bergmann trägt zusätzlich einen Kranz aus Maiglöckchen über ihrem Schleier. Es ist der Morgen des Beltanefestes, die Wiedergeburt des Frühlings. Nach einigen Augenblicken hat die Prozession die Mitte der Bühne erreicht und die Dörfler versammeln sich rings um den Maienbaum)

TILMANN (ALS DRUIDE): O Gott Belenus, segne diesen festlichen Tag und die frommen Bewohner dieses Dorfes! Gieß' aus, das Füllhorn Deiner Huld und lass' dieses hohe Fest des Frühlingserwachens und der neuerlichen Fruchtbarkeit unter Deiner schützenden Hand verbleiben.

DAS VEREINTE VOLK DER DORFBEWOHNER: O Gott Belenus, segne diesen festlichen Tag! O Gott Belenus, segne diesen hohen Feiertag!

TILMANN (ALS DRUIDE): So sei das Fest nun feierlich eröffnet. Met soll fließen, wir wollen trinken, schmausen, tanzen und fröhlich sein, wohlan!

(Lachend, scherzend und fröhlich löst sich die Menge auf; die Darstellenden setzen sich auf hölzerne Bänke, die vor den Häusern des Dorfes aufgestellt sind, greifen sich Trinkhörner und feiern, indem sie sich zuprosten. Stefan und Vanessa eröffnen den Tanz um den Maienbaum mit einem traditionellen Charaktertanz, Renate und Ingmar schließen sich als Tanzpaar an. Peggy als Wendla Bergmann steht abseits. Da erscheint von links Volker als Melchior Gabor, ebenfalls in einem keltischen Gewand, in der rechten Hand trägt er einen Fuchsschwanz. Er geht zum Zentrum des Dorfplatzes, begrüßt nach einander die Dörfler, bei dem Druiden beginnend. Schließlich erblickt er Peggy als Wendla Bergmann und kommt auf sie zu, bleibt verzückt vor ihr stehen, endlich fällt er vor ihr auf die Knie)

VOLKER (ALS MELCHIOR GABOR): Hier bin ich, wie verabredet und habe den ganzen gestrigen Abend nur an Dich allein gedacht. Dich, holde Maid, schönste aller Frauen, zu sehen und zu lieben, war eins. Es lässt sich nicht länger verheimlichen: Ich liebe Euch! Nehmt diesen Fuchsschwanz als Unterpfand meiner Zuneigung zu Euch. Ich Euer ergebener Diener auf ewig und werde Euch für alle Zeit zu Füßen liegen.

PEGGY (ALS WENDLA BERGMANN): Mein Geliebter, wie ich mich nach diesem Augenblick sehnte! Auch mein Herz ist in Liebe zu Euch entbrannt. Ja, kann es denn ein größeres Glück auf Erden geben? Nun soll uns nichts mehr trennen. *(Volker als Melchior Gabor erhebt sich, küsst ihre Hand galant und umarmt sie)*

PEGGY (ALS WENDLA BERGMANN): Dein Name, Geliebter mein, wie ist Dein Name, Du schmuckester aller Jägersmänner?

VOLKER (ALS MELCHIOR GABOR): Melchior, meine Eltern haben mich Melchior getauft. Und wie, meine Rose, ist Dein lieblicher Name?

PEGGY (ALS WENDLA BERGMANN): Wendla, ich heiße Wendla.

VOLKER (ALS MELCHIOR GABOR): Wendla! Dieser Name wird mir fortan gleichbedeutend mit dem Glück sein! (*fasst sich selig an die Brust, küsst abermals mit aller Galanterie ihre Hand*)

PEGGY (ALS WENDLA BERGMANN): Komm, Melchior, geliebter Melchior, lass' uns tanzen! Lass uns zu Beltane um den Maienbaum tanzen, zum Klang der Schalmeien. (*Sie nimmt ihn bei der Hand und beide laufen fröhlich zum Maienbaum und tanzen etwa zwei Minuten ausgelassen mit den anderen um diesen herum. Dann nähert sich Vanessa den beiden und raunt Peggy als Wendla etwas zu*)

VANESSA (ALS DORFBEWOHNERIN): Wendla, hüte Dich, bedenke doch, was Deine Mutter sagen wird, wenn Du hier so offen vor aller Augen mit diesem Jüngling anbandelst.

PEGGY (ALS WENDLA BERGMANN): Ach iwo, ich will heute nicht an solche Dinge denken. Heute will ich nur tanzen, feiern und fröhlich sein.

VANESSA (ALS DORFBEWOHNERIN): Nun gut, aber sag' hinterher bitte nicht, dass ich Dich nicht gewarnt hätte. Sieh doch, Deine Mutter schaut schon ganz skeptisch hier zu uns herüber.

PEGGY (ALS WENDLA BERGMANN): (*zu Volker als Melchior Gabor*) Komm, Geliebter, siehst Du dort hinten den Heuschober? Lass' uns unser Beisammensein dort fortsetzen: in trauter Zweisamkeit und den Blicken der Anderen entzogen.

VOLKER (ALS MELCHIOR GABOR): Was könnte mir an diesem wunderbaren Tag gelegener kommen als ein Schäferstündchen mit Dir, meine Liebste? Eilen wir zum Heuschober! (*Peggy als Wendla Bergmann nimmt Volker als Melchior Gabor bei der Hand, beide laufen zu dem am linken Rand der Bühne stehenden Heuschober. Sie lächeln einander noch einmal an, umarmen sich und verschwinden hinter diesem, so dass sie bald nicht mehr zu sehen sind. Währenddessen geht das fröhliche Fest auf dem Dorfplatz weiter. Sobald Peggy als Wendla Bergmann und Volker als Melchior Gabor hinter dem Heuschober verschwunden sind, hört das Getöse der Schalmeien*)

auf und es erklingt eine historische Melodie aus einem Lautsprecher [Civiliza-
tion VI, Soundtrack: England – The Medieval Era, Dauer: vier Minuten]. Nachdem zwei Minuten der Melodie verklungen sind, schart sich die Menge der
Dörfler um den am Maienbaum stehenden Tilmann als Druiden, der feierlich
seine Hände zum Himmel hebt. Es erscheint ein Lichtstrahl von oben, die
Szene gefriert zum lebendigen Bild, Ende der Szene)

DRITTER AKT – DRITTE SZENE

(*Die Bühne im Bootshaus des Münchener Ruderclubs e.V.: Ein Weingarten auf einer Insel im Rhein als Insel Naxos in mythischer Zeit. Im Hintergrund Weinstöcke mit Reben, die an hölzernen Gerüsten befestigt sind. Die Insel ist von den Fluten des Rheins umspült. Im Vordergrund ein Sofa bzw. eine clinae im Stile des französischen Empire [aus der Zeit um 1800], auf dem Manuel alias Ernst Röbel alias Ariadnos schlafend und mit dem linken Arm ausgestreckt bäuchlings liegt. Er trägt einen griechischen, crèmefarbenen Chiton und antik griechische Sandalen an den Füßen. Die Insel ist mit Gras bewachsen, weist verstreut über ihre Oberfläche einige Bäume auf. Neben der clinae, auf der Manuel als Ernst Röbel liegt, steht ein Feigenbaum mit reifen Früchten daran. Würde Manuel seine Augen öffnen, so fiele sein Blick auf diesen Feigenbaum. Hinter der clinae, im Bereich der Weinstöcke, stehen Jenny und Daniela als die Nymphen Daphne und Chloe. Sie sind mit griechischen Damentuniken bekleidet, die ihnen bis zu den Knöcheln der Füße reichen. Auch sie tragen Sandalen; auf den Häuptern haben sie Blumenkränze. Es ist ein sommerlicher Nachmittag auf einer Insel, die in die Atmosphäre eines mythischen Hellas in vorgeschichtlicher Zeit getaucht ist. Ernst Röbel verkörpert in dieser Szene das männliche Pendant zur griechischen Sagengestalt der „Ariadne auf der wüsten Insel Naxos")*

JENNY (ALS NYMPHE DAPHNE): Ist er wach oder schläft er?

DANIELA (ALS NYMPHE CHLOE): Ob er wohl immer noch schläft?

JENNY (ALS NYMPHE DAPHNE): Schläft er?

DANIELE (ALS NYMPHE CHLOE): Mir will es scheinen, als ob er im Schlafe weinte.

JENNY (ALS NYMPHE DAPHNE): Ja, nun kann ich sein leises Schluchzen auch vernehmen. Er weint im Schlafe.

DANIELA (ALS NYMPHE CHLOE): Der gewohnte Anblick wie schon seit Tagen; genau so kennen wir ihn ...

JENNY (ALS NYMPHE DAPHNE): Jeden Tag gehüllt in Trauer. Ständig stilles Leid und Weh und Ach, Tränen und Klagen ..., ja, immer nur bitterer, stummer Jammer.

DANIELA (ALS NYMPHE CHLOE): ... und dazu kommt noch die Verwirrung des Gemüts. Er scheint zunehmend alles zu vergessen, was früher einmal gewesen ist. Der Trübsinn, die Trauer und das Leid scheinen ihm die Sinne zu umnachten.

JENNY (ALS NYMPHE DAPHNE): Wo es doch so schön ist, hier auf dieser Insel.

DANIELA (ALS NYMPHE CHLOE): Und so ein Idyll. Wenn man hier in diesem Weingarten sitzt und dabei das sanfte Raunen und Rieseln der Wellen des Wassers vernimmt ...

JENNY (ALS NYMPHE DAPHNE): Man fühlt sich in das sanfte Rauschen und Schaukeln der Wellen ganz eingehüllt ...

DANIELA (ALS NYMPHE CHLOE): ... und der warme Wind des Sommers streicht leise über Zweige und Blätter und die glitzernden Fluten des Wassers gleiten dahin ...

(In diesem Moment erwachte Manuel alias Ernst Röbel alias Ariadnos auf seinem Sofa mit einem lauten, langanhaltenden, schmerzerfüllten Seufzer, reckt und streckt sich und richtet sich sitzend auf)

MANUEL (ALS ERNST RÖBEL ALIAS ARIADNOS): *(zunächst langsam getragen, verwirrt wirkend)* Wo bin ich? War es ein Traum? Ach – *(tiefer Seufzer)* immer noch auf dieser einsamen Insel. Wie kam ich überhaupt an diesen Ort? Mein Gemüt ist mir vom vielen Liegen und Schluchzen schon ganz verwirrt. Da *(lange Pause)* war doch ein Name, halt, da waren zwei Namen, zwei Namen und eine Liebe. Es hatte mit einer Fahrt in einem Boot zu tun. Der eine Name ist mit dem anderen Namen verbunden. Welches sind die beiden Namen? Wenn mein Geist doch nicht so verwirrt wäre! *(sinkt enttäuscht in sich zusammen)* Ach, mein Gedächtnis behält nichts mehr. Welcher Fluss fließt dort vorne?

Die Erinnerung (*erneut eine Pause*) da waren einmal eine lichtdurchflutete Zeit und ein lichtdurchflutetes Land. Und ein glücklicher Jüngling wandelte im Licht und freute sich des Lebens, eines schöneren Lebens. Wie hieß er noch gleich? (*denkt eine Weile nach*) Ah, jetzt hab ich's, bitte, dass ich's nur behalte! (*wieder Pause*) ein schöneres Leben. Der Jüngling hieß Ariadnos ..., ach, Theseus, Theseus (*Pause*) Ariadnos, er wandelte damals im Licht! Doch nun ist der eine vom anderen verlassen und die Liebe ist zerstört. Aus den Höhen des Olymps wurde der eine vom anderen in die tiefsten Tiefen des Hades gestürzt und auf einer wüsten Insel ausgesetzt: verlassen, zurückgelassen und ohne Trost und Freude auf sich allein zurückgeworfen. Welches Elend, welcher Schmerz! Nicht einmal der schöne Feigenbaum und seine Früchte können mir Linderung verschaffen. Die Hoffnung ist mir für immer erstorben, ohne Freude, ohne Hunger, ohne Durst weile ich auf dieser Insel, aus diesem elenden Eiland und finde nicht Ruhe noch Trost. O grausamer Eros, wie marterst Du die Herzen der Sterblichen! (*sinkt wieder schluchzend in sich zusammen*)

JENNY (ALS NYMPHE DAPHNE): Wie jugendlich, wie schön (*lange Pause*) und so voller Trauer und Furcht.

DANIELA (ALS NYMPHE CHLOE): Kein Kummer, kein Feuer können brennen so heiß, wie unerwiderte Liebe, von der niemand nichts weiß.

JENNY (ALS NYMPHE DAPHNE): Du sagst es, Schwester.

DANIELA (ALS NYMPHE CHLOE): Vielleicht sollten wir ihn trösten und etwas aufmuntern. Fällt Dir eine gute Geschichte ein, Schwester?

JENNY (ALS NYMPHE DAPHNE): Alle Versuche der letzten Tage, diesen einsamen, traurigen Jüngling aufzuheitern, waren leider zum Scheitern verurteilt.

DANIELA (ALS NYMPHE CHLOE): Lass' es uns trotzdem versuchen!

JENNY (ALS NYMPHE DAPHNE): (*wendet sich direkt an den schlafenden Manuel als Ernst Röbel alias Ariadnos*) Edler Prinz, höre mich an! Hoffen,

Bangen, Lieben, Hassen, alle Freude und allen Schmerz, all' das kann Dein Herz ertragen, einmal um das andre Mal.

DANIELA (ALS NYMPHE CHLOE): Sollst Dich aus dem Dunkel erheben, wenn dies auch nochmalige Pein bedeuten würde.

JENNY (ALS NYMPHE DAPHNE): Leben musst Du, liebes Leben, leben noch dies eine Mal. Halte nur aus, mein Herz und bleibe standhaft, Schwereres schon hast Du ertragen.

(Unbeirrt, von den Bemühungen der Nymphen keine Notiz nehmend, schläft Manuel als Ernst Röbel alias Ariadnos weiter)

DANIELA (ALS NYMPHE CHLOE): Ach, all' unsere Mühe ist vergebens. Lassen wir ihn mit seiner Trauer allein. *(Sie ziehen sich wieder in den hinteren Bereich der Bühne, d.h. in den Weingarten, zurück. Sodann erwachte Manuel als Ernst Röbel alias Ariadnos, richtet sich auf, indem er seinen Oberkörper auf den rechten Ellenbogen stützt und fängt an, zu sinnieren)*

MANUEL (ALS ERNST RÖBEL ALIAS ARIADNOS): Dieser Ort hier schnürt mir die Kehle zu, hier sind um mich herum nur Unreinheit, Elend und Verzweiflung, ja, tiefe Nacht! O Theseus, was hast Du mir angetan! *(Pause)* Aber einen Ort weiß ich, der nicht erfüllt ist von Unreinheit und Elend, sondern wo alle Seelen Frieden und Ruhe finden. Dieser Ort wird das Totenreich genannt. Hier aber umfangen mich Nacht und Verwirrung. *(lange, salbungsvolle Pause)* Bald jedoch wird sich ein Bote nähern, Hermes nennt man ihn. Auf geschwinden, geflügelten Füßen gleitet er dahin. Mit seinem Stabe geleitet er die Seelen und führt sie hin zum Eingang in das Totenreich. Wenn er zu mir kommen wird, so werde ich ihn an geflügeltem Helme erkennen. Ach Hermes, sieh doch, Ariadnos harret Deiner! Komm, Du schöner Gott, eile herbei. Gerne will ich Dir folgen und alsbald ein Toter werden. Süßer Tod, ewige Ruhe, nie mehr trauern, hungern, frieren und Schmerz erdulden – *kalos tanathos, agathos tanathos!* Das ist die liebliche Verheißung, die Hermes mir bringen wird. Mit wahrer Freude will ich diesen Boten aller Boten begrüßen. *(Er bäumt sich kurz voll Freude auf, um dann wieder apathisch und traurig in sich zusammen zu sinken und* *erneut schluchzend auf der clinae zu liegen. Die Nymphen, die all das mit angehört haben, kommen langsam aus dem Hintergrunde wieder hervor)*

JENNY (ALS NYMPHE DAPHNE): Der Jüngling gibt mit mattem Sinn sich aber sehr dem Leide hin.

DANIELA (ALS NYMPHE CHLOE): Was Dir immer Übel's widerfuhr, die Zeit geht darüber und radiert die Spur.

JENNY (ALS NYMPHE DAPHNE): Edler Prinz, nicht nur Du alleine leidest. Liebesweh und Liebesach kennen unsere Herzen, die Herzen männerliebender Frauen, gleichfalls und trotzdem sehnen wir nicht gleich den Tod herbei. Fasse Dich, Ariadnos, und sei ein Mann!

(wiederum keinerlei Reaktion bei dem leidenden Jüngling)

DANIELA (ALS NYMPHE CHLOE): Er zuckt auch nicht einmal mit einer Wimper!

JENNY (ALS NYMPHE DAPHNE); *(mit festem Nachdruck in der Stimme, fast schreiend)* Ariadnos, hör' jetzt auf mich! Nicht nur Du allein, auch wir Anderen leiden unter nicht erwiderter Liebe. Ich selbst habe viel geliebt und die Unstetigkeit der Männer am eigenen Leibe erfahren. Treulos sind sie, jawohl! Theseus macht da keine Ausnahme. Eine kurze Nacht, ein hektischer Tag, ein hitzedurchfluteter Sommertag, eine bebende, schwüle Luft verwandeln ihr Herz. Aber was können wir schon tun gegen die schmerzlichen und doch auch immer wieder lieblichen Verwandlungen des Lebens? Finde zu Dir selbst, finde Dein wahres Ich und schließe mit Theseus ab!

DANIELA (ALS NYMPHE CHLOE): O Daphne, es ist alles verlorene Liebesmüh'!

JENNY (ALS NYMPHE DAPHNE): Einen Zutodebetrübten zu trösten: Lassen wir es sein.

DANIELA (ALS NYMPHE CHLOE): Wer sich nicht trösten lassen will, den sollte man in Ruhe lassen.

JENNY (ALS NYMPHE DAPHNE): Vielleicht unternehmen wir noch einen letzten Versuch, Chloe?

DANIELA (ALS NYMPHE CHLOE): O ja, lass es uns einmal mit einem anmutigen Tanz probieren, Schwester!

JENNY (ALS NYMPHE DAPHNE): Ja doch, tanzen wir!

(Es erklingt die griechische Weise „Seikilos" [Civilization VI: Soundtrack, Greece – The medival Era, Dauer: 4:42 Minuten], zu der die Nymphen im Vordergrund klassische Tanzfiguren darbieten. Nachdem die erste Melodie zu Ende verklungen ist, beginnt eine neue Melodie: Civilization VI: Soundtrack, Greece – The Industrial Era. Während die beiden Nymphen noch tanzen, erscheint von der linken Bühnenseite eine antike Barke auf den Wassern des Rheins, von einem Ruderer, gewandet in einen einfachen griechischen Chiton, vorangetrieben. In der Mitte der Barke steht in antiker Kleidung [goldfarbiger Chiton, Sandalen, ein purpurfarbener Himation, ein Lorbeerkranz aus vergoldetem Kupferblech auf dem Haupt] Guido als Hänschen Rilow, der den Gott Dionysos verkörpert. Langsam gleitet die Barke zum Ufer der Insel und strandet endlich an deren Gestade. Gemessenen Schritts steigt Guido als Hänschen Rilow alias Dionysos aus dem Boot und schreitet in Richtung auf die clinae des Ariadnos. Indem die beiden Nymphen ihn erblicken, fliehen sie scheu und verheißungsvoll kichernd von der Bühne, sie ziehen sich in den für das Publikum nicht mehr einsehbaren Bereich hinter den Weinstöcken zurück. Während Guido als Hänschen Rilow alias Dionysos den Weg vom Ufer der Insel zur clinae zurücklegt, ist Manuel als Ernst Röbel alias Ariadnos erneut erwacht, legt sich erwartungsvoll auf die Seite, stützt seinen Leib auf den rechten Ellenbogen und streckt den linken Arm mit einladend geöffneter Hand dem herannahenden Gotte entgegen. Sodann verklingt auch die zweite Melodie [Dauer: circa vier Minuten])

MANUEL (ALS ERNST RÖBEL ALIAS ARIADNOS): *(mit getragener Stimme)* Sei mir gegrüßt, Du Kurier aller Kuriere.

GUIDO (ALS HÄNSCHEN RILOW ALIAS DIONYSOS): Bist Du, holder Jüngling, der Herr über diese Insel? Ist dieser Weingarten Dein Aufenthalt? Sind jene Nymphen Deine Dienerschaft?

MANUEL (ALS ERNST RÖBEL ALIAS ARIADNOS): Ich weiß es nicht mehr genau. Ich liege hier schon seit Tagen und warte auf Dich, seit welcher Zeit genau, ist mir entfallen.

GUIDO (ALS HÄNSCHEN RILOW ALIAS DIONYSOS): Sag, bist Du ein Zauberer? Verwandelst Du die, die sich Dir nahen gleich der schönen, verführerischen Circe?

MANUEL (ALS ERNST RÖBEL ALIAS ARIADNOS): Ich weiß nicht, was Du da sagst. Ich weiß gar nichts mehr. Mein Sinn ist ganz und gar verwirrt. Woher bist Du gekommen, Du Bote aller Boten?

GUIDO (ALS HÄNSCHEN RILOW ALIAS DIONYSOS): Von jenem Boot dort am Ufer!

MANUEL (ALS ERNST RÖBEL ALIAS ARIADNOS): Ich habe eine Vorstellung davon, wer Du bist, Du schöner Gott.

GUIDO (ALS HÄNSCHEN RILOW ALIAS DIONYSOS): Wer bin ich denn?

MANUEL (ALS ERNST RÖBEL ALIAS ARIADNOS): Du bist der Herr einer Barke, welche die Sterbenden ins Totenreich geleitet.

GUIDO (ALS HÄNSCHEN RILOW ALIAS DIONYSOS): Bin ich der Herr einer Barke? Ja, Du sprichst die Wahrheit, holder Jüngling.

MANUEL (ALS ERNST RÖBEL ALIAS ARIADNOS): Ich glaube zu wissen, wohin Du mich führen willst. Dein Boot hat schwarze Segel und Du geleitest die, welche Dir folgen auf Deiner Barke über die Wellen bis zu den Gestaden des Styx, wo sie in die Unterwelt hinabsteigen. Sei mir willkommen, Hermes!

GUIDO (ALS HÄNSCHEN RILOW ALIAS DIONYSOS): Was ist das für ein Name, mit dem Du mich gegrüßt hast?

MANUEL (ALS ERNST RÖBEL ALIAS ARIADNOS): Dein Name, der Name des göttlichen Todesboten; und Du nimmst mich mit ins Reich der Unterwelt. Wer dorthin entflieht, wird von allem Schmerz erlöst.

GUIDO (ALS HÄNSCHEN RILOW ALIAS DIONYSOS): Ich bin nicht der, für den Du mich hältst, Du Jüngling gleich der Circe.

MANUEL (ALS ERNST RÖBEL ALIAS ARIADNOS): Circe, wer ist das?

GUIDO (ALS HÄNSCHEN RILOW ALIAS DIONYSOS): Sie brachte des Odysseus Gefährten in Raserei und verwandelte sie. Wirst Du auch mich verwandeln?

MANUEL (ALS ERNST RÖBEL ALIAS ARIADNOS): Hermes, Deine Rede ist mir dunkel! Willst Du mich etwa zuvor noch einer Probe unterziehen? Ich verwandelte niemanden, denn durch Trennung, Leid und Verwirrung des Gemüts wurde gar ich selbst verwandelt, verwandelt hin zum Tode! Entzaubere mich, Hermes! Transformiere mein Elend in die Ewigkeit.

GUIDO (ALS HÄNSCHEN RILOW ALIAS DIONYSOS): Unverwandelt entrann ich den Nachstellungen der Hera, die mich mit Wahnsinn schlagen wollte. Unverworren entkam ich den Künsten der Göttin, um glücklich über die Wasser der Ägäis zu Dir zu gelangen.

MANUEL (ALS ERNST RÖBEL ALIAS ARIADNOS): Ich weiß nicht, was Du da sprichst. Du musst wissen, mein Sinn (*Pause*) ist leicht verwirrt. Reich mir die Hand, Hermes!

GUIDO (ALS HÄNSCHEN RILOW ALIAS DIONYSOS): Dionysos bin ich, holdes Wesen, nicht Hermes. Lorbeerkranz und Weinrebe stehen mir zu Gebote, nicht Flügelhelm und Stab. Fliehe mit mir auf mein Boot und Du sollst verwandelt sein: nicht aber zum Tode, o nein, durch eine neue Liebe, durch ein neues Leben, durch Selbstgewissheit und durch neue Hoffnung. Erkenne Dich selbst und lebe noch einmal. In meinen Armen wirst Du ein neues Leben finden und Selbsterkenntnis.

MANUEL (ALS ERNST RÖBEL ALIAS ARIADNOS): Die Hoffnung ist mir ganz und gar erstorben; ich harre nur noch dem Tode.

GUIDO (ALS HÄNSCHEN RILOW ALIAS DIONYSOS): Du wirst Dich zu einem neuen Leben hin verwandeln, ja durch meine Hilfe allein. Komm, holdes Wesen, folge mir auf meine Barke und vergiss die trüben Gedanken. Was früher war, ist vergangen und soll hier fortan keine Macht mehr haben.

MANUEL (ALS ERNST RÖBEL ALIAS ARIADNOS): (*noch einmal verzweifelt aufschreiend*) Theseus! (*Pause*) Wie soll ich dies Herzeleid jemals vergessen?

GUIDO (ALS HÄNSCHEN RILOW ALIAS DIONYSOS): In meinen Armen werden Eros und Morpheus Dich sicher umranken und eine neue Sonne wird Dir scheinen. Theseus, Theodor, sind nur noch ein Schatten, eines Schatten Traum aus vergangener Zeit.

MANUEL (ALS ERNST RÖBEL ALIAS ARIADNOS): So bist Du nicht der Götterbote? Soll ich Dir glauben? Soll ich Dir folgen? Noch schwanke ich ... (*allmählich kommen die beiden Nymphen hinter den Weinstöcken wieder hervor und schreiten vorsichtig zur clinae des Ariadnos*)

GUIDO (ALS HÄNSCHEN RILOW ALIAS DIONYSOS): Eher verglühte die ewige Sonne, eher fielen die Ozeane trocken und vergingen die Sterne, als dass Du an dieser Metamorphose zugrunde gingest! (*lange, salbungsvolle Pause*) Du wirst Dich selbst, Dein Ich, Dein Sein erkennen, wirst zur Selbsterkenntnis gelangen und durch mich werden Dir neues Leben und neue Liebe zuteil. Folge mir, mein schöner, edler Prinz.

MANUEL (ALS ERNST RÖBEL ALIAS ARIADNOS): Aber (*Pause*) aber, das erscheint noch so schwer.

GUIDO (ALS HÄNSCHEN RILOW ALIAS DIONYSOS): Was ist in dieser Welt schon einfach? Komm, mein Prinz, lass' das Klagen, Zagen und Trauern fahren dahin. Lass' uns auf's Neue leben und einander lieben. (*streckt seine Hand aus, ergreift die linke Hand des Ariadnos*)

JENNY UND DANIELA (ALS NYMPHEN): (*ihren Text feierlich, wie eine Hymne, rezitierend*) Klinge, klinge, süße Stimme; süße Stimme, klinge, klinge wieder: Deine Weisheit klinge wieder, uns ergötzen solche Lieder!

GUIDO (ALS HÄNSCHEN RILOW ALIAS DIONYSOS): Ariadnos, einsamer Stern von Naxos, folge Deinem Dionysos in ein neues Glück, ein Glück von unbegrenzter Dauer. Rüste Dich, lass' uns ziehen.

MANUEL (ALS ERNST RÖBEL ALIAS ARIADNOS): (*ein tiefer, von Entspannung erfüllter Seufzer*) Endlich! Die trüben Geister schwinden. Die Nacht fliehet dahin, ein neuer Frühlingsmorgen bricht an. Und ihr, ja ihr beiden treuen Nymphen, seid die Zeuginnen des neuen Morgenrots! Aurora, lass' Dein blaues Banner erneut wehen. Siehe, Ariadnos hat Schmerz und Tod überwunden und eilt einem neuen Leben entgegen. O ja, Du schöner Gott, ich will Dir in Dein Reich der Erhabenheit und des Glücks folgen.

JENNY (ALS NYMPHE DAPHNE): Das Dunkel weicht, das Licht bricht an.

DANIELA (ALS NYMPHE CHLOE): Eine Metamorphose wird beide umfangen. Dionysos wird daran zum Gotte werden! Was für eine Insel, was für ein Zeitalter, da wir wandeln dürfen.

GUIDO (ALS HÄNSCHEN RILOW ALIAS DIONYSOS): So folge mir nun denn. Bald wird das Licht unser beider Welt in flüssiges Gold tauchen.

MANUEL (ALS ERNST RÖBEL ALIAS ARIADNOS): O ja, Geliebter, nur zu gerne! (*Er erhebt sich von der clinae, reicht Guido als Hänschen Rilow alias Dionysos huldvoll die Hand, beide schreiten in Richtung auf die am Ufer liegende Barke. Manuel als Ernst Röbel alias Ariadnos und Guido als Häns-*

chen Rilow alias Dionysos erreichen die Barke, steigen in das Boot, das sich daraufhin sanft und langsam in Bewegung setzt)

JENNY UND DANIELA (ALS NYMPHEN): *(ihren Text feierlich, wie eine Hymne, rezitierend)* Klinge, klinge, süße Stimme, klinge, klinge wieder: Des Jünglings Klage lass' verstummen, uns ergötzen solche Lieder!

MANUEL (ALS ERNST RÖBEL ALIAS ARIADNOS): Meine Schmerzen sollen nicht vergebens gewesen sein. Versprich mir das, mein geliebter, schöner Gott.

GUIDO (ALS HÄNSCHEN RILOW ALIAS DIONYSOS): Und eher verglühte die ewige Sonne, eher fielen die Ozeane trocken und vergingen die ewigen Sterne am Firmament, als dass Du an dieser Verwandlung zu Tode kämest!

(Das Boot mit den beiden gleitet aus dem Sichtfeld der Bühne nach links hinaus, die Nymphen schauen Manuel und Guido verzückt nach; Ende des Stücks, der Vorhang fällt)

ENDE DES STÜCKS

Danksagung

Mein besonderer Dank gilt dem Theaterwissenschaftler und Dramaturgen **Heiko Griesel (Kassel)** für die fachkundige Beratung und Betreuung während der Entstehung des vorliegenden Theaterstücks sowie **Alexander Sembritzki (Emmendingen)** für die Unterstützung beim Korrekturlesen.

Über den Autor

Andreas Mohr, geboren 1973 in Bad Hersfeld; Studium der Geschichte und Politologie an der Universität Kassel 1992 - 1999; Kollegiat des Graduiertenkollegs „Reiseliteratur und Kulturanthropologie" an der Universität Paderborn 1999 - 2003; Promotion in Mittelalterlicher Geschichte 2003; Lehrbeauftragter im Fach Mittelalterliche Geschichte an der Universität Kassel 2004 - 2005 und 2008 - 2010; Stipendiat des Instituts für Europäische Geschichte (Mainz) 2005 - 2007, wissenschaftlicher Mitarbeiter im Forschungsprojekt „Controversia et confessio" bei der Akademie der Wissenschaften und der Literatur (Mainz) 2007 - 2010; Wiederaufnahme des Lehramtsstudiums 2010 und Erstes Staatsexamen für Lehramt an Gymnasien 2013, seit 2009 Dozent an der VHS Region Kassel im Bereich der Erwachsenenbildung in den Fächern Latein, Altgriechisch und Geschichte sowie seit 2016 zudem Lehrkraft in den Aufgabenfeldern Deutsch als Fremdsprache und Alphabetisierung.

Zeitfracht Medien GmbH
Ferdinand-Jühlke-Straße 7
99095 Erfurt, Deutschland
produktsicherheit@kolibri360.de